JOSEPH PRINCE
GEISTLICHE KAMPFFÜHRUNG

JOSEPH PRINCE

GEISTLICHE *Kampfführung*

Aus dem Englischen von

Mirjam Mutschler

Grace today
VERLAG

Die englische Originalausgabe erschien im Verlag 22 Media Pte. Ltd. unter dem Titel *Spiritual Warfare*. Copyright © 2005 by Joseph Prince. Published by arrangement with 22 Media Pte. Ltd., www.josephprince.com.

Die Deutsche Nationalbibliothek verzeichnet diese Publikation in der Deutschen Nationalbibliografie; detaillierte bibliografische Daten sind im Internet über https://dnb.de abrufbar.

Umschlaggestaltung: © 22 Media Pte. Ltd.
Corporate Design: spoon design, Olaf Johannson
Lektorat: Gabriele Kohlmann, Sonja Yeo
Satz: Grace today Verlag, Gerald Wieser
Druck: CPI – Clausen & Bosse, Birkstraße 10, 25917 Leck
Printed in Germany

5. Auflage 2024

Paperback: ISBN 978-3-95933-022-0, Bestellnummer 372022
E-Book: ISBN 978-3-95933-023-7, Bestellnummer 372023
Hörbuch: ISBN 978-3-95933-024-4, Bestellnummer 372024

www.gracetoday.de

INHALT

KAPITEL 1

STEHE MIT DER WAFFENRÜSTUNG GOTTES

Legt die komplette Waffenrüstung Gottes an, damit ihr allen hinterhältigen Angriffen des Teufels widerstehen könnt.
Epheser 6,11 NLB

Der Teufel greift Gottes Ebenbild an

Geistliche Kampfführung ist ein unverzichtbarer Teil unseres Lebens mit Gott. Um uns herum findet ein unsichtbarer Krieg statt. Er ist im Natürlichen nicht zu sehen, doch er ist real. Sobald du geboren wirst, hast du automatisch einen Erzfeind, der sich ganz deiner Vernichtung widmet. Sein Name ist Satan. Er ist der Feind jedes Mannes, jeder Frau und jedes Kindes. Er hasst dich, ob du Christ bist oder nicht, weil Gott dich nach seinem Ebenbild geschaffen hat.

Manchmal passieren uns ungewöhnliche Dinge. Wenn man feststellt, dass diese Dinge regelmäßig geschehen und man erfolglos versucht hat, im Natürlichen mit ihnen fertig zu werden, muss man kein Genie sein, um zu wissen, dass das ein geistlicher Angriff ist. Der Teufel ist ein bisschen wie eine Frau, die von ihrem

Freund verlassen worden ist. Sie bewahrt sein Foto auf, schaut es an und dreht dann ein wenig durch. Sie fängt an, das Foto zu attackieren, es zu beschimpfen und zu verfluchen. Bald bekommt es Löcher und Risse! Wenn sie schon ihren Freund nicht attackieren kann, dann wenigstens sein Foto.

Der Teufel tut das gleiche. Er kann es mit Gott nicht aufnehmen, weil Gott zu mächtig für ihn ist, also hat er es auf Gottes Abbild abgesehen – dich und mich. Aber das ist der Unterschied: Bist du Christ und der Teufel greift dich an, dann sagt dir das Wort Gottes, wie du siegreich in dem Sieg stehen kannst, den du in Christus hast. Andererseits stehst du, wenn du kein Christ bist, unter der Herrschaft des Teufels und er kann jederzeit sagen: »Jetzt bist du dran!«

Nicht nur zurechtkommen, sondern im Sieg leben

Die gute Botschaft besteht darin, dass die Bibel uns nicht lehrt, wie wir mit unseren Problemen zurechtkommen können. Sie lehrt uns, wie wir immer im Sieg leben! Die Welt zeigt uns, wie man zurechtkommt. Seminare bringen uns bei, wie wir mit Depression, Krankheit und zerbrochenen Beziehungen zurechtkommen können. Aber Gott will, dass wir überwinden. Sein Wort zeigt uns, wie wir über diese Dinge Sieg erfahren. Das ist der Unterschied zwischen dem, was Gott für uns will und dem, was der Teufel uns antun will.

Ein weiterer Unterschied ist der: Sobald du an Christus glaubst, hast du in Christus alles. Alles! Die Bibel sagt in Epheser 1,3: »Gepriesen sei der Gott und Vater unseres Herrn Jesus Christus, der uns gesegnet hat mit jedem geistlichen Segen in den himmlischen Regionen in Christus.« Beachte, wie die verwendete Zeitform auf eine vergangene Handlung hinweist – er *hat* uns gesegnet – mit *allem*!

Die Bibel lehrt uns nicht, mit unseren Problemen zurechtzukommen. Sie lehrt uns, immer im Sieg zu leben!

Die Welt denkt, sie hat alles. Menschen, die nicht an Gott glauben, prahlen manchmal damit, dass sie viel haben. Sie sagen: »Ich bin sehr wohlhabend. Ich besitze viel. Sieh dir mein Haus an. Sieh dir mein Auto an. Sieh dir meine Bankkonten an.«

In 1. Mose 33,9 sagte Esau zu seinem Zwillingsbruder Jakob, dass er reichlich hatte:

> *Esau antwortete: »Ich habe genug, mein Bruder; behalte, was du hast!«*

Denke daran, dass Jakob Esau um den Segen betrog, den ihr Vater für den Erstgeborenen bereithielt. Daraufhin wurde Esau sehr verbittert und hasste Jakob. Jakob lief davon und die Brüder waren viele Jahre lang getrennt. Eines Tages trafen sie sich wieder. Jakob fürchtete sich immer noch vor Esau wegen der Dinge, die er ihm vor vielen Jahren angetan hatte. Aber Jakob wusste nicht, dass Gott Esaus Herz erweicht hatte. Also schickte Jakob Esau Geschenke, um ihn milde zu stimmen.

In 1. Mose 33,10–11 (NLB) heißt es:

> *»Nein, bitte nimm meine Geschenke an, wenn du mir gewogen bist«, sagte Jakob. »Du hast mich so freundlich*

aufgenommen! Als ich dich sah, war mir, als ob ich Gott selbst sehen würde! Bitte, nimm meine Geschenke an, die dir überbracht wurden, denn Gott hat mich überreich beschenkt. Ich habe mehr als genug.« Jakob drängte Esau so lange, bis er die Geschenke schließlich annahm.

Während Esau reichlich hatte, hatte Jakob alles, was er brauchte! Die Welt kann damit prahlen, dass sie viel hat. Weißt du, es ist möglich, in einem großen Haus mit vielen Zimmern zu wohnen und in keinem dieser Zimmer ruhig schlafen zu können. Es ist möglich, alles Geld der Welt zu haben und dennoch von Depression, Unruhe und Furcht erfüllt zu sein. Aber du, Kind Gottes, hast alles. In Christus hast du alles. Du hast ewiges Leben. Du hast alle Verheißungen Gottes, die in der Bibel stehen. Du hast den Heiligen Geist und du darfst alle Früchte des Geistes haben: Liebe, Freude, Frieden, Geduld, Freundlichkeit, Güte, Sanftmut, Treue und Selbstbeherrschung.

Es gibt aber noch einen weiteren wichtigen Unterschied zwischen Christen und Nichtchristen: Du hast nicht nur alles, sondern der Teufel hat dich auch noch ganz besonders im Visier, weil du im Bild Gottes geschaffen bist. Mein Freund (damit meine ich natürlich immer auch alle Leserinnen), herzlich willkommen in der geistlichen Kampfführung!

Ziehe Gottes Waffenrüstung an

Wie bleiben wir dem Teufel gegenüber standhaft? Welche Anweisungen von Gott sollen uns dabei helfen, in dem Sieg zu stehen, den wir in Christus bereits haben? Die Antwort ist die Waffenrüstung Gottes! Doch was genau ist die Waffenrüstung Gottes eigentlich?

Sehen wir uns Epheser 6,10–18 (NLB) an:

> *Noch ein Wort zum Schluss: Werdet stark durch den Herrn und durch die mächtige Kraft seiner Stärke! Legt die komplette Waffenrüstung Gottes an, damit ihr allen hinterhältigen Angriffen des Teufels widerstehen könnt. Denn wir kämpfen nicht gegen Menschen aus Fleisch und Blut, sondern gegen die bösen Mächte und Gewalten der unsichtbaren Welt, gegen jene Mächte der Finsternis, die diese Welt beherrschen, und gegen die bösen Geister in der Himmelswelt. Bedient euch der ganzen Waffenrüstung Gottes. Wenn es dann so weit ist, werdet ihr dem Bösen widerstehen können und noch aufrecht stehen, wenn ihr den Kampf gewonnen habt.*
>
> *Sorgt dafür, dass ihr fest steht, indem ihr euch mit dem Gürtel der Wahrheit und dem Panzer der Gerechtigkeit Gottes umgebt. Eure Füße sollen für die gute Botschaft eintreten, die den Frieden mit Gott verkündet. Setzt den Glauben als einen Schutzschild ein, um die feurigen Pfeile des Satans abzuwehren. Setzt den Helm eurer Rettung auf und nehmt das Wort Gottes, euer Schwert, das der Geist euch gibt. Betet immer und in jeder Situation mit der Kraft des Heiligen Geistes. Bleibt wachsam und betet auch beständig für alle, die zu Christus gehören.*

Sieh dir Vers 13 an: »Bedient euch der ganzen Waffenrüstung Gottes. Wenn es dann so weit ist, werdet ihr dem Bösen widerstehen können und noch aufrecht stehen, wenn ihr den Kampf gewonnen habt.« Die Bibel trägt uns auf, die Waffenrüstung Gottes anzulegen. Gott trägt uns auf, *seine* Waffenrüstung anzulegen. Gott hat eine Rüstung. Sie ist das, was Jesus trug, als er auf der Erde lebte. Er ließ uns die Rüstung zurück, als er in den Himmel zurückkehrte.

Wenn du Jesu Rüstung trägst,
siehst du genauso aus wie er.

Also haben wir heute Gottes Rüstung. Und wenn wir seine Rüstung anlegen, weiß der Teufel nicht, wer in dieser Rüstung steckt. Alles was er weiß, ist, dass es die Rüstung ist, die ihn vor 2000 Jahren besiegte! Du und ich sehen genauso aus wie Jesus, wenn wir seine Rüstung tragen. Du fühlst dich vielleicht wie ein Schwächling, aber wenn du in der Rüstung bist, siehst du für den Teufel stark aus.

Es ist, als würde man Batmans Anzug tragen. In den verschiedenen Batman-Filmen ließen die Regisseure die Rolle des Batman von unterschiedlichen Schauspielern spielen. Einer davon war Michael Keaton. Wer von euch weiß, dass Michael Keaton nicht sehr groß ist? Aber sobald er diesen Anzug anlegte, sah er riesengroß, muskulös und unzerstörbar aus. Der Batman-Anzug hat sogar einen eingebauten »Six-Pack«! Jeder würde in diesem Anzug toll aussehen. Und obwohl Michael Keaton nicht sehr groß ist, sah er in diesem Batman-Anzug deshalb fantastisch aus.

Genauso ist es, wenn du in der Rüstung Gottes steckst: Der Teufel erkennt dann weder deine Schwachheiten noch sieht er die Ängste, die du haben magst. In dieser Rüstung siehst du für ihn aus wie Jesus!

Einige von euch werden vielleicht noch mit der Lehre vertraut sein, die vor einigen Jahren in der Gemeinde im Umlauf war, in der Christen dazu aufgefordert wurden, die Waffenrüstung Gottes jeden Morgen nach dem Aufwachen »anzulegen«. Wenn du morgens aufwachst, »legst« du dir deinen Gürtel der Wahrheit an, dann ziehst du dir den Brustpanzer der Gerechtigkeit an, dann deine Schuhe des Friedens und so weiter. Ich erinnere mich daran, wie ich das eine Weile lang tat. Ich fühlte mich damals wie Batman, der seinen Anzug und seine Ausrüstung anzog!

Es gibt ein Problem bei dieser Lehre: Man kann sich so sehr darin verlieren, jeden Morgen alle Teile der Waffenrüstung anzuziehen, dass man dabei vergisst, was die Teile wirklich bedeuten. Wenn du den Abschnitt in Epheser 6 aufmerksam liest, wirst du feststellen, dass jedes Teil der Rüstung eine besondere Bedeutung hat und einem speziellen Zweck dient. Allerdings konzentrierte ich mich damals lediglich auf den Vorgang, jeden Tag die Teile anzuziehen, anstatt auf die Lehre hinter jedem Teil der Waffenrüstung zu schauen. Das war jeden Tag ein »Angeziehe«! Ich fühlte mich sogar nackt, wenn ich es nicht tat. Und die ganze Zeit über entging mir das Wesentliche!

Gottes Rüstung besteht aus sieben Teilen

Weißt du, dass die Waffenrüstung Gottes eigentlich aus sieben Teilen besteht? Lange wurde gesagt, dass es nur sechs Teile gibt. Aber Sechs ist die Zahl des Menschen. Gott machte den Menschen am sechsten Tag. Goliat war sechs Ellen und eine Spanne groß, seine eiserne Speerspitze wog sechshundert Schekel und seine Rüstung bestand aus sechs Teilen. Im Gegensatz dazu ist Sieben die Zahl der Vollkommenheit oder Vollständigkeit. Gott erschuf die Welt an sechs Tagen, aber am siebten ruhte er.

Um genau zu sein, hat die Waffenrüstung fünf plus zwei Teile. Die ersten fünf sind defensiv. Der Gürtel ist defensiv – er hält die anderen Teile an Ort und Stelle. Der Helm ist defensiv – er schützt deinen Kopf. Der Brustpanzer schützt dein Herz. Die Schuhe schützen deine Füße und der Schild schützt dein ganzes Sein. Aber die letzten zwei – das Schwert des Geistes und das Beten im Heiligen Geist – sind offensiv.

Bevor wir uns jedes einzelne Stück der Rüstung im Detail ansehen, wollen wir zunächst mehr über die Mythen und Wahrheiten über geistliche Kampfführung herausfinden.

KAPITEL 2

MYTHEN UND WAHRHEITEN ÜBER GEISTLICHE KAMPFFÜHRUNG

Denn wir kämpfen nicht gegen Menschen aus Fleisch und Blut, sondern gegen die bösen Mächte und Gewalten der unsichtbaren Welt, gegen jene Mächte der Finsternis, die diese Welt beherrschen, und gegen die bösen Geister in der Himmelswelt.
Epheser 6,12 NLB

Die Wahrheit über den Vater der Lüge

Vieles ist über geistliche Kampfführung geschrieben worden. Teilweise sind es Mythen, teilweise Wahrheiten. Sehen wir uns einige davon an, damit wir wissen, wie wir siegreich stehen können. Wisse zu allererst, dass es einen Teufel gibt. Es gibt einige Christen, die nicht glauben, dass der Teufel real ist! Sie glauben nicht, dass er existiert. Manche Leute versuchen uns weiszumachen, dass es den Teufel nicht gibt. Sie sagen: »Oh, das ist nur die dichterische Bildersprache der Bibel.«

Das andere Extrem sind die Christen, die glauben, dass der Teufel alles und jedes tun kann! Sie glauben so sehr an den Teufel, dass sie denken, er sei in ihrem Leben pausenlos aktiv.

Ich will dir die Wahrheit sagen. Der Teufel hat nicht die gleichen Eigenschaften wie Gott. Gott ist allwissend. Der Teufel ist es nicht. Er wusste nicht einmal, dass Jesus durch das Kreuz den Sieg erringen würde. Er schmiedete sogar den Plan, Jesus ans Kreuz zu bringen. Wenn er gewusst hätte, dass das Kreuz seine Niederlage bedeutete, hätte er den Herrn der Herrlichkeit nicht gekreuzigt! (1Kor 2,8)

Der Teufel weiß also nicht alles. Und er kann deine Gedanken nicht lesen. Er weiß nicht, was du denkst, bis du deinen Mund aufmachst. Wenn du ängstlich bist, weiß er es nicht, bis du deinen Mund öffnest und es bekennst. Er kann nur durch das, was aus deinem Mund kommt, erkennen, was in deinen Gedanken und in deinem Herzen ist. Achte also auf deinen Mund! Achte auf das, was du bekennst!

Zweitens ist der Teufel im Gegensatz zu Gott nicht allmächtig. Er hat nicht alle Macht. Weißt du, dass der Teufel nicht will, dass du dieses Buch liest? Er hasst es, wenn du Gottes Wort liest, weil das Wort ihn und dich an seine Niederlage erinnert! Kann er dich davon abhalten, dieses Buch zu lesen? Nun, du liest es ja gerade, oder? Herzlichen Glückwunsch!

Wäre der Teufel allmächtig, wie ihn manche Christen darstellen, dann würde er dich auch davon abhalten, in die Gemeinde zu gehen. Er hätte dich sogar davon abgehalten, Christus zu empfangen. Aber die Tatsache, dass du errettet wurdest, zeigt, dass er nicht allmächtig ist. Wenn er wirklich allmächtig wäre, hätte er dich dann nicht schon vor langer Zeit umgebracht?

Nein, der Teufel ist nicht allmächtig! In 1. Petrus 5,8 steht: »Seid nüchtern und wacht! Denn euer Widersacher, der Teufel, geht umher wie ein brüllender Löwe und sucht, wen er verschlingen kann«. Beachte, dass es heißt: »sucht, wen er verschlingen kann«. Daraus wissen wir, dass er nicht einfach jeden verschlingen kann, den er will – er ist nicht allmächtig.

Die Bibel bezeichnet ihn auch als Lügner (Joh 8,44). Denke einmal darüber nach: Warum sollte der Teufel lügen, wenn er alle Macht hat zu tun, was er tun will? Leute lügen, wenn sie machtlos sind. Diejenigen, die keine Macht haben, lügen oder täuschen vor, sie hätten Macht. Mein Freund, Christus hat den Teufel besiegt und entwaffnet (Kol 2,15). Die einzige »Macht« oder Waffe, die er gegen dich hat, sind seine Lügen.

Drittens ist der Teufel nicht allgegenwärtig oder zu jeder Zeit überall. Nur Gott ist allgegenwärtig. Vielleicht sagst du: *»Nun ja, Pastor Prince, gestern Abend erlebte ich zuhause einen schrecklichen Angriff Satans.«* Mein Freund, das war wahrscheinlich nicht Satan. Du musst dir darauf nichts einbilden. Satan war gestern Abend wahrscheinlich unterwegs, um jemanden wie Billy Graham zu ärgern. Als Jesus auf der Erde war, war es Satan persönlich, der sich um ihn kümmerte. Warum? Weil wir beide wissen, dass wir uns bei den wichtigsten Aufgaben nicht völlig auf unsere Untergebenen verlassen können. Aus diesem Grund sage ich dir, dass es wahrscheinlich nicht Satan war, der dich gestern Abend angegriffen hat, sondern einer seiner bösen Nachwuchs-Geister. Er kann nicht die ganze Zeit überall sein, um anzugreifen, wen er will.

Wir müssen unbedingt erkennen, dass Gott uns Mittel gegeben hat, um der Niederlage des Teufels Nachdruck zu verleihen. Der Teufel hatte einst ein Maß an Kraft, doch diese ganze Kraft wurde ihm am Kreuz weggenommen. In Kolosser 2,15 (ELB) steht: »Er hat die Gewalten und die Mächte völlig entwaffnet und sie öffentlich zur Schau gestellt. In ihm hat er den Triumph über sie gehalten.«

Wer zerstörte die Macht des Teufels? Jesus war es! Wer zog ihm die Zähne? Jesus war es! In 1. Petrus 5,8 steht, dass »der Teufel [umhergeht] wie ein brüllender Löwe und sucht, wen er verschlingen kann«. Aber vergiss nicht, dass er keine Zähne mehr hat! Deshalb brüllt er – um dich zu erschrecken. Manche Christen sind so von Angst erfüllt, dass sie zulassen, dass der Teufel sie mit seinem Zahnfleisch zerkaut!

Mit der richtigen Haltung bleibst du stehen

Die Art und Weise, wie du an geistliche Kriegsführung herangehst, ist sehr wichtig. Wenn du dich in den Krieg begibst, um eine Schlacht zu gewinnen, die von Christus bereits gewonnen wurde, dann ist das eine Form von Selbstgerechtigkeit. Deine Haltung muss also sein, dass du in dem Sieg stehst, den Christus bereits für dich gewonnen hat.

Gott braucht dich nicht, um den Teufel zu besiegen.
Jesus hat ihn bereits besiegt.

Manche Christen versuchen, den Teufel zu besiegen. Sie denken bei sich: »Gott hat es mir überlassen, den Teufel zu besiegen.« Mein Freund, das ist eine Form von Stolz. Gott braucht dich nicht, um den Teufel zu besiegen, weil dieser *schon längst* besiegt worden ist. Wer besiegte ihn? Jesus war es! Und er gab dir den Sieg. Deine Aufgabe besteht lediglich darin, zu glauben und im Sieg zu stehen.

Aus diesem Grund wird das Wort *stehen* in dem Abschnitt über geistliche Kampfführung (Epheser 6) vier Mal erwähnt. In

Vers 11 (NLB) heißt es: »… damit ihr allen hinterhältigen Angriffen des Teufels wider*stehen* könnt«, in Vers 13: »… werdet ihr dem Bösen wider*stehen* können und noch aufrecht *stehen*, wenn ihr den Kampf gewonnen habt«, und in Vers 14: »Sorgt dafür, dass ihr fest *steht* …«. Vier Mal fordert uns der Heilige Geist in diesem Abschnitt dazu auf, zu *stehen*. Wir sollen stehen, stehen, stehen und … stehen! Wenn du dich also auf Gottes Weise an geistlicher Kampfführung beteiligst, wirst du am Ende stehen bleiben!

Was bedeutet es also zu *stehen*? Hast du dir schon einmal diese klassischen Duelle in Westernfilmen angeschaut? Du kennst die charakteristische Szene: Zwei Männer stehen alleine da. Dann entfernen sie sich langsam voneinander, auf der Hauptstraße der Stadt. Plötzlich ziehen beide ihre Revolver, drehen sich um und peng! Eine Sekunde lang weiß niemand, wer erschossen wurde. Dann fällt der eine Kerl in den Staub und der andere bleibt stehen. Der Mann, der stehen bleibt, ist der Sieger. Mein Freund, wenn du den geistlichen Kampf auf Gottes Weise kämpfst, wirst auch du derjenige sein, der am Ende stehen bleibt!

In japanischen Samurai-Filmen ist es genauso. Zwei Männer stehen sich mit ihren Schwertern gegenüber. Sie bewegen sich aufeinander zu und kreuzen die Klingen in einem Zweikampf auf Leben und Tod. Auf einmal sieht man, wie ein Mann den anderen aufschlitzt, aber man ist sich nicht sicher, wer wen verletzt hat, weil sie sich zu schnell bewegt haben. Ein Mann steht mit dem Gesicht in die eine Richtung, der andere schaut in die andere. Einen Moment lang stehen sie so und man weiß nicht, wer gewonnen hat. War es der Gute oder der Böse? Plötzlich lächelt der Böse, als hätte er gewonnen. Doch dann ist zu sehen, wie ihm Blut aus dem Mundwinkel tropft. Er sinkt zu Boden. Er hat den Zweikampf verloren. Der Gute triumphiert wieder!

Es geht darum, dass derjenige, der am Ende steht, immer der Sieger ist. Gott will, dass du derjenige bist, der am Ende steht. Er erwähnte das Wort *stehen* in Epheser 6,11–14 viermal. Zu stehen bedeutet allerdings, dass du nicht kämpfen musst. Du kämpfst nicht, du stehst. Zu stehen bedeutet, dass man schon gewonnen hat. Der Sieg ist schon dein. Wer gab dir den Sieg? Jesus war es!

Die Haupttaktik des Teufels besteht darin,
dir vorzumachen, du hättest nicht das,
was du bereits hast.

Enttarne die Täuschungen des Teufels

Die Bibel sagt in Epheser 1,3, dass wir bereits alles in Christus haben – »Gepriesen sei der Gott und Vater unseres Herrn Jesus Christus, der uns gesegnet hat mit jedem geistlichen Segen in den himmlischen Regionen in Christus.« Die Haupttaktik des Teufels besteht darin, dir einzureden, dass du nicht hast, was du bereits hast. Sagen wir einmal, du vertraust darauf, dass Gott dich finanziell segnen wird. Du musst die Kredite für dein Haus und dein Auto abzahlen. Du siehst dir den verfügbaren Betrag auf deinem Bankkonto an und sagst dir: »Das ist erbärmlich.« Dann kommt der Teufel und greift dich an: »Genau, es ist erbärmlich. Du hast kaum finanziellen Rückhalt. Du hast noch nicht einmal dies, und jenes hast du auch nicht …«

Was sollte deine Reaktion darauf sein? Du musst seine Täuschungen enttarnen. Also sagst du: »Ich *versuche* nicht, reich zu sein. Ich *bin* reich. In Christus bin ich reich! In Christus habe ich alles!« Rufe dir Gottes Verheißung in Philipper 4,19 ins Gedächtnis – »Mein Gott aber wird allen euren Mangel ausfüllen nach seinem Reichtum in Herrlichkeit in Christus Jesus.« Es macht nichts aus, wenn du aufgrund von Stellenabbau entlassen wurdest. Warum? Weil Gott derjenige ist, der dich versorgt. Und das tut er gemäß seines Reichtums in Herrlichkeit, nicht gemäß der Wirtschaftslage. Also wird er dich mit einer besseren Arbeitsstelle und einem besseren Gehalt versorgen. Kein Mensch auf Erden kann deine Quelle für Versorgung sein. Menschen werden dich nur ärmer machen. Nein, Gott ist deine Versorgungsquelle und er versorgt dich gemäß seinem Reichtum in Herrlichkeit.

Mein Freund, es spielt wirklich keine Rolle, wie viel du auf der Bank hast. Du bist reich, weil du in Christus bist. Und wenn du etwas benötigst, wirst du feststellen, dass auch die Versorgung da sein wird, wenn du glaubst, dass du in Christus reich bist. Das gleiche gilt für Heilung. Der Teufel wird versuchen, dich mit Symptomen in deinem Körper anzugreifen. Er wird versuchen, Schmerzen in deinen Körper zu legen oder dafür sorgen, dass du dich an bestimmten Stellen deines Körpers elend fühlst. Er wird versuchen, dir ein Gefühl der Kraftlosigkeit zu geben und dich denken zu lassen, dass du dir eine Krankheit zuziehen wirst. Sein Ziel ist es, dir vorzumachen, dass du keine Heilung hast. Was sollte deine Reaktion darauf sein? Wieder musst du seine Täuschung auf der Stelle enttarnen. Sage ihm: »Nein! Ich *versuche* nicht, geheilt zu werden, ich *bin* geheilt! Ich stehe bereits auf dem Siegesgrund, den Jesus mir geschenkt hat. Ich *habe* Heilung! Und du wirst sie nicht wegnehmen!«

Kämpfe nicht um den Sieg, kämpfe vom Sieg her

Es ist ein gewaltiger Unterschied, wenn du mit dem Wissen in geistliche Kampfführung trittst, dass dir der Sieg bereits geschenkt worden ist. So zu »kämpfen« ist Gottes Wille für dich. Du kämpfst nicht *um* den Sieg, du kämpfst *vom* Sieg her. Wenn du allerdings denkst, dass du nicht geheilt bist und sagst: »Ich muss Gott überzeugen, dass er mich heilt. Oh Gott, bitte heile mich!«, dann bist du aus deiner überlegenen Position gefallen. Du hast dem Teufel direkt in die Hände gespielt. Er will dir vormachen, du hättest nicht das, was Gott dir gegeben hat. Deshalb musst du seine Täuschung enttarnen. Sage zu ihm: »Nein, Teufel! Ich habe den Sieg!«

Vielleicht antwortet er und sagt: »Wenn du ihn hast, wie kann es dann sein, dass du diese und jene Schmerzen hast?« Nun, dann erklärst du: »In Christus habe ich ihn einfach, Teufel. Diese Schmerzen sind nur zeitlich begrenzt. Deine Worte sind Lügen. Ich *versuche* nicht, geheilt zu werden, ich *bin* geheilt!« Wenn du das tust, wirst du feststellen, dass die Symptome, die du spürst, im mächtigen Namen Jesu verschwinden.

Aber wenn du ihm in die Falle gehst und sagst: »Nun ja, ich schätze, ich bin nicht geheilt. Ich fühle diesen Schmerz und ich spüre auch jene Schwäche. Oh Gott, bitte heile mich!«, dann hast du deine überlegene Position aufgegeben. Warum? Weil du jetzt *um* den Sieg kämpfst, statt *vom* Sieg her zu kämpfen. Das ist ein himmelweiter Unterschied.

Der Meister der Irreführung

In Epheser 6,11 (ELB) heißt es: »Zieht die ganze Waffenrüstung Gottes an, damit ihr gegen die Listen des Teufels bestehen könnt!«

Was sind die »Listen« des Teufels? Es sind seine Lügen und seine Irreführung. Erinnere dich, Christus hat ihn entmachtet, deshalb muss er darauf zurückgreifen dich irrezuführen. Er lässt dich denken, du hättest nicht das, was Gott dir gegeben hat, obwohl du es in Wirklichkeit hast. Gott hat dir ja bereits alles in Christus gegeben. Und weil der Teufel machtlos ist, wird er dich durch einen Trick dazu bringen, dass du deine eigene Kraft gegen dich selbst verwendest. Der Teufel ist der Meisterbetrüger, der Vater der Lüge (Joh 8,44).

Gott gab Adam und Eva im Garten Eden alles. Dennoch zeigte der Teufel auf den einzigen Baum, von dem zu essen Gott ihnen verboten hatte. Er vermittelte ihnen das Gefühl, zu kurz zu kom men.

Männer, ihr könnt mit einer der besten Frauen der Stadt verheiratet sein und der Teufel kann euch trotzdem einreden, ihr hättet nicht alles, was ihr braucht. Vielleicht hast du ein wunderschönes Zuhause und trotzdem kann der Teufel dir einreden, du bräuchtest ein besseres Zuhause. Er lässt dich ständig denken, du hättest nicht genug oder du hättest nicht das, was Gott dir bereits gegeben hat. Deshalb ist er der Vater der Lüge.

Falle nicht auf die Lügen des Teufels herein

Ich will dir eine andere Geschichte erzählen, um zu verdeutlichen, worauf ich hinauswill. Eines Abends spazierte ein Mann in ein kleines Dorf. Er ging direkt auf den Ortsvorsteher zu und erklärte: »Ich habe einen magischen Stein, der alles vollkommen machen kann. Wenn Sie diesen Stein zum Beispiel in Ihr Essen geben, wird es köstlich schmecken.«

Der Ortsvorsteher war völlig begeistert. »Wirklich?«, fragte er.

»Ja, sicher!«, antwortete der Mann.

»Mein Herr, kann ich diesen Stein haben?«, fragte der Ortsvorsteher.

»Ich sage Ihnen, was ich tun werde«, sagte der Mann. »Normalerweise lasse ich die Leute nicht einfach so meinen Stein benutzen, aber für Sie mache ich eine Ausnahme. Doch Sie müssen mir versprechen, meine Anweisungen zu befolgen.« Der Ortsvorsteher war einverstanden.

Also trug der Mann dem Ortsvorsteher auf, einige Zutaten zu besorgen. Dann sagte er: »Nehmen Sie dieses Hühnerfleisch und auch das Kaninchenfleisch und mischen Sie es mit Kartoffeln, Karotten und Zwiebeln. Fügen Sie diese Gewürze und jene Kräuter hinzu und werfen Sie meinen Stein in den Topf. Rühren Sie jetzt alles eine Stunde lang auf kleiner Flamme.«

Als das Essen fertig war, probierte der Ortsvorsteher, wie es schmeckte. »Meine Güte, das ist köstlich!«, rief er aus. Die Familie des Ortsvorstehers und alle Dorfbewohner aßen davon. Sie luden auch den Mann zum Essen ein. Jeder aß, bis er satt war.

Als sie das Mahl beendet hatten, meinte der Ortsvorsteher zu dem Mann: »Entschuldigen Sie, mein Herr, aber dürfte ich bitte den Stein behalten?«

»Bei allem Respekt«, antwortete der Mann, »reicht es nicht, dass ich Sie meinen Stein für Ihr Essen habe gebrauchen lassen? Und jetzt wollen Sie auch noch, dass ich ihn Ihnen gebe?«

»Ja, ich würde Ihnen den Stein gerne abkaufen«, sagte der Ortsvorsteher.

»Na gut«, erwiderte der Mann und legte seinen Arm um den Ortsvorsteher, »Sie sind mir sympathisch, lieber Herr Ortsvorsteher, deshalb verkaufe ich Ihnen den Stein.« Der Ortsvorsteher war außer sich vor Freude und bot ihm eine hohe Geldsumme für den Stein.

Dieser Mann hatte gerade eine gute Mahlzeit auf Kosten der Dorfbewohner genossen und jetzt wurde ihm auch noch Geld angeboten!

Am nächsten Morgen nahm er das Geld und verließ das Dorf. Gegen Abend erreichte er ein anderes Dorf. Doch bevor er es betrat, entdeckte er einen anderen Stein am Wegesrand, hob ihn auf und ging ins Dorf, um den Ortsvorsteher zu suchen!

Wer von euch weiß, dass dieser Mann einfach ein guter Koch war, der jeden Tag eine kostenlose Mahlzeit, ein Bett für die Nacht und leicht verdientes Geld erhielt? Das gleiche versucht der Teufel mit dir und mir zu tun. Selbst wenn dir schon alles gegeben worden ist, lässt er dich glauben, du bräuchtest immer noch mehr.

Wer ist dein wahrer Feind?

In Epheser 6,11 (ELB) steht: »Zieht die ganze Waffenrüstung Gottes an, damit ihr gegen die Listen des Teufels bestehen könnt!« Vers 12 fügt hinzu: »Denn unser Kampf ist nicht gegen Fleisch und Blut, sondern gegen die Gewalten, gegen die Mächte, gegen die Weltbeherrscher dieser Finsternis, gegen die geistigen Mächte der Bosheit in der Himmelswelt.«

Mein Freund, unter den Mächten der Finsternis herrscht eine Hierarchie. Es gibt im geistlichen Bereich verschiedene Ebenen der Macht. Es gibt einen Chef-Dämon und es gibt seine Untergebenen. Es gibt einen »Gangsterboss«-Teufel und seine »Gangster«-Teufel. So sieht es aus im Reich der Finsternis. Falls du davon ein wenig eingeschüchtert bist: Dazu besteht kein Grund! Wir müssen uns um diese dunklen Mächte keine Gedanken machen, denn Gott hat uns seine Waffenrüstung gegeben, um uns vor ihren Listen und Angriffen zu schützen. Beachte, dass es im ersten Satz in

Vers 12 heißt, dass wir »nicht gegen Fleisch und Blut« kämpfen, sondern gegen die Mächte der Finsternis.

Wenn du Christ bist, musst du aufwachen und das erkennen. Du kämpfst nicht gegen deinen Vorgesetzten am Arbeitsplatz. Vielleicht sagst du: »Aber Pastor Prince, mein Vorgesetzter *ist* das Problem. Aus irgendeinem Grund hat er es auf mich abgesehen. Ich mache alles richtig, bin überaus engagiert, mache Überstunden und trotzdem mag er mich nicht!« Lass mich dir sagen: Sollte das der Fall sein, dann ist seine Abneigung gegen dich wahrscheinlich übernatürlich. Was tust du also? Zuallererst: Hasse ihn nicht. Liebe ihn stattdessen und vergib ihm. Wenn du jemanden angreifen willst, dann greife im Namen Jesu den Teufel an. Du kämpfst nicht gegen Fleisch und Blut und deswegen auch nicht gegen deinen Chef. Du kämpfst gegen die Mächte der Finsternis, die dahinter stehen.

Ich habe schon erlebt, wie sich Paare vor mir gestritten haben. Man kann die Situation nun einfach im Natürlichen betrachten und versuchen herauszufinden, wer schuld ist. Aber ich reagiere darauf, indem ich sage: »Im Namen Jesu binde ich den Geist, der diesen Streit verursacht!« Ich habe dabei festgestellt, dass das jeweilige Paar nach einer Weile aufhört zu streiten und sich stattdessen versöhnt. Sie fangen an, nett miteinander zu reden.

Vor einigen Jahren waren einige böswillige und verleumderische E-Mails im Umlauf. Es ging darin um mich und meine Gemeinde. Der Herr zeigte mir, dass der Teufel meinen Dienst und den Einfluss der Gemeinde aufzuhalten versuchte, damit keine weiteren Menschenleben erreicht werden würden. Denn weißt du, wir haben durch die Gnade Gottes wirklich viele Menschen erreicht. Deshalb erkannte ich, dass der Teufel versuchte, uns aufzuhalten. Eines Tages erfuhr ich, wer einer der Verfasser dieser E-Mails war. Aber mein Herz war dieser Person gegenüber nicht bitter, weil ich wusste, dass ich nicht gegen Fleisch und Blut kämpfte, sondern gegen die Mächte der Finsternis, die dahinter standen.

Denke nicht, die Menschen seien das Problem.
Du kämpfst nicht gegen Fleisch und Blut.

Denke nicht, die Menschen seien das Problem. Das Problem besteht nicht aus Fleisch und Blut. In Daniel 10 hatte Daniel einige Zeit lang gebetet, doch sein Gebet schien ergebnislos zu sein. Die Antwort auf sein Gebet kam sogar erst 21 Tage nachdem er zu beten begonnen hatte. In Daniel 10,12–13 lesen wir, dass ein Engel erschien und zu Daniel sagte:

> *Fürchte dich nicht, Daniel! Denn von dem ersten Tag an, da du dein Herz darauf gerichtet hast, zu verstehen und dich vor deinem Gott zu demütigen, sind deine Worte erhört worden, und ich bin gekommen um deiner Worte willen.*
>
> *Aber der Fürst des Königreichs Persien hat mir 21 Tage lang widerstanden; und siehe, Michael, einer der vornehmsten Fürsten, ist mir zu Hilfe gekommen, so dass ich dort bei den Königen von Persien entbehrlich war.*

Gott hatte Daniels Gebet bereits am ersten Tag erhört und den Engel gesandt, um Daniel die Antwort zu bringen. Aber der Fürst von Persien, eine Macht in der Luft über Persien, hielt den Engel davon ab, zu Daniel zu gelangen. Mein Freund, es findet ein geistlicher Krieg statt, der im natürlichen Bereich nicht sichtbar ist. Unser wahrer Feind ist nicht aus Fleisch und Blut, und als seine Waffen verwendet er Lügen, weil Christus ihm seine Macht genommen hat. Wir befinden uns durch das vollbrachte Werk Christi bereits auf Siegesgrund. Und wir können in dieser überlegenen Position bleiben und den Listen des Teufels widerstehen, weil wir die Waffenrüstung Gottes besitzen!

KAPITEL 3

DER GÜRTEL DER WAHRHEIT

So steht nun fest, eure Lenden umgürtet mit Wahrheit.
Epheser 6,14

Die Wahrheit hält alles zusammen

Die Wahrheit ist dein Gürtel und das erste Stück der Waffenrüstung, das in Epheser 6 erwähnt wird. Paulus bezieht sich übrigens oft auf römische Bilder. Zu seiner Zeit gab es überall römische Soldaten. Wenn du dir jemals einen dieser religiösen Monumentalfilme angeschaut hast, wie zum Beispiel Cecil B. DeMilles *Die Zehn Gebote* oder William Wylers *Ben Hur*, hast du sehr wahrscheinlich schon einmal einen römischen Soldaten in voller Rüstung gesehen. Die Soldaten trugen bronzefarbene Brustpanzer.

Ich weiß noch, wie ich *Ben Hur* zum ersten Mal anschaute. Ich fand, dass der römische General Quintus Arrius, der Judah Ben-Hur als seinen Sohn adoptierte, mit seinem Brustpanzer und Helm fabelhaft aussah. Aber ich war schockiert, als er seinen Brustpanzer abnahm, weil dann seine große Wampe herausrutschte! Meine Güte, sah der unsportlich aus! Er hätte ihn besser nicht abgenommen. Solange er seinen Brustpanzer und seinen Helm anhatte, sah er super aus.

Aber warum ist dein Gürtel wichtig? Zunächst einmal hält dein Gürtel die Scheide deines Schwertes. Außerdem kannst du daran deine kleinen Dolche festmachen. Es gibt noch einen anderen wichtigen Zweck für den Gürtel – es ist ziemlich schwierig zu kämpfen, wenn deine Hosen lose sitzen und dir auf die Knöchel herunterrutschen! Es ist sehr schwierig, mit einer Hand die Hose oben zu halten und mit der anderen Hand das Schwert zu schwingen! Der Feind unterbricht vielleicht sogar den Kampf und sagt: »Hey, schnallst du deinen Gürtel jetzt fest oder nicht? Es lenkt ziemlich ab, mit einem Mann zu kämpfen, dem die Hosen runterrutschen!«

Deshalb trägst du die Wahrheit als deinen Gürtel. Wenn du nicht viel Wahrheit in deinem Leben hast, wirst du auch nicht in der Lage sein, die Waffenrüstung Gottes zusammenzuhalten. Und genauso wie dein Gürtel alles am rechten Platz hält, wird die Wahrheit die anderen Teile der Rüstung zusammenhalten. Ohne Wahrheit werden die anderen Teile der Rüstung nicht sicher sitzen.

Wahrheit vertreibt die Finsternis

Doch weshalb wird die Wahrheit als erstes Teil der Waffenrüstung erwähnt? Nun, als du Christ wurdest, hat sich dein Leben verändert. Es veränderte sich, weil du die Wahrheit empfangen hast. Du wurdest aufgrund der Wahrheit frei gemacht. Jesus befreite dich, indem er dir die Wahrheit brachte. Er sagte: »Ihr werdet die Wahrheit erkennen, und die Wahrheit wird euch frei machen« (Joh 8,32 NLB).

Als ich noch ein Junge war, spielte ich oft mit kleinen Felsbrocken. Ich hob sie hoch, um herauszufinden, wie stark ich war.

Manchmal, wenn ich die Steine vom feuchten Erdboden aufhob, entdeckte ich unter ihnen kleine weiße Ameisen, die in alle Richtungen auseinander liefen und sogar ab und zu einen Skorpion. Weißt du, die Ameisen und der Skorpion liebten die Dunkelheit unter den Felsen und als das Licht in ihre Dunkelheit kam, stoben sie auseinander.

In unserem Leben ist es genauso. Wenn ich von deinem Kopf eine geistliche Röntgenaufnahme machen könnte, wären darauf vielleicht Bereiche zu sehen, die jetzt hell sind, weil das Licht des Wortes Gottes in diese Bereiche hineingekommen ist. Früher einmal hattest du beispielsweise Angst davor, in Gottes Gegenwart schuldig gesprochen zu werden, aber diese Furcht gibt es nicht mehr, weil die Wahrheit von Gottes Gnade hineingekommen ist und diese Furcht vertrieben hat.

Aber es gibt vielleicht auch dunkle Stellen. Sie könnten der Grund dafür sein, warum du in diesen Bereichen von Angst und Sorgen erfüllt bist. Diese dunklen Stellen müssen noch von Gottes Wahrheit durchdrungen werden. Wir alle haben noch dunkle Stellen in unserem Leben. Deshalb bete ich fast jeden Tag: »Vater, offenbare mir die Wahrheiten, die ich kennen muss, damit ich frei sein kann.« Ich bete dieses Gebet, weil ich noch Bereiche in meinem Leben habe, wo ich gebunden bin. Aber Preis sei Gott: Wenn ich auf mein Leben zurückschaue, gibt es auch Bereiche, in denen ich befreit worden bin. Der Teufel wäre sogar dumm, wenn er mich in diesen Bereichen wieder angreifen würde, weil ich dort bereits viel Wahrheit empfangen habe.

Wie kannst du wissen, ob ein Bereich in deinem Leben noch dunkel ist? Nun, wann immer in einem Bereich deines Lebens Furcht oder Sorge ist, bedeutet das für gewöhnlich, dass das Licht noch nicht vollständig in diesen Bereich eingedrungen ist. Bete dann: »Gott, es gibt diesen Bereich hier, in dem ich noch im Dunkeln bin. Offenbare mir deine Wahrheiten in diesem Bereich. Zeige mir die Wahrheiten, die ich kennen muss.« Mein Freund, die Wahrheit wird dich frei machen.

Je mehr Wahrheiten du empfängst, umso mehr Sieg wird in deinem Leben sichtbar werden.

Weißt du, dass Wahrheit und Sieg in Gottes Augen gleichbedeutend sind? Lass es mich dir anhand der Bibel beweisen. Matthäus zitiert hier aus Jesaja: »Das geknickte Rohr wird er nicht zerbrechen, und den glimmenden Docht wird er nicht auslöschen, bis er das Recht zum *Sieg* hinausführt« (Mt 12,20). Beachte, dass am Schluss »*Recht zum Sieg*« steht. Im eigentlichen Zitat aus dem Alten Testament heißt es in Jesaja 42,3 (MB): »Ein geknicktes Rohr wird er nicht abbrechen und einen glimmenden Docht nicht auslöschen; getreulich wird er das Recht (oder: die *Wahrheit*) kundtun.« Im Originalzitat im Alten Testament steht das Wort *Wahrheit*. Im Neuen Testament steht jedoch *Sieg*. Daraus können wir schließen, dass Wahrheit und Sieg gleichbedeutend sind. Anders ausgedrückt heißt das: Je mehr Wahrheiten du empfängst, umso mehr Sieg wird in deinem Leben sichtbar werden.

Sobald du die Wahrheit kennst, kann der Teufel dir nichts mehr vormachen. Verstehst du, er hat nur in der Dunkelheit Erfolg. Solange du im Dunkeln bist oder etwas nicht weißt, wirst du dich fürchten und anfällig für die Täuschung des Teufels sein. Lass mich dir das veranschaulichen. Wenn du dich auf einmal krank fühlst oder Schmerzen in einem bestimmten Körperteil verspürst, fängst du an, dir Sorgen zu machen. Du weißt nicht, was der Grund für die Schmerzen ist und deine Fantasie geht mit dir durch. Du wirst ängstlich und unruhig. Wenn du dann schließlich zum Arzt gehst, sagt er dir: »Das kommt häufig vor. Ich habe einige Tests an Ihnen durchgeführt und es gibt absolut nichts, worüber Sie sich Sorgen machen müssten.« Auf einmal verschwinden deine Ängste und Sorgen. Wie ist das geschehen? Der Arzt offenbarte dir die Wahrheit, derer du dir nicht bewusst warst und die Wahrheit hat dich frei gemacht.

Der Teufel kann an einen Mann herantreten und flüstern: »Pass auf deine Frau auf, sie nutzt dich aus. Sie respektiert dich nicht mehr.« Doch die ganze Zeit über ist die Frau dieses Mannes völlig unschuldig. Der Teufel spielt Psychospielchen mit uns und wir müssen uns vor seinen Tricks vorsehen.

Es ist erstaunlich, wie wir ganze Tage damit zubringen können, wegen etwas wütend zu sein, das gar nicht existiert.

Falle nicht auf die Psychospielchen des Teufels herein

Lass es mich noch einmal anders veranschaulichen. Joyce und Judy reden miteinander. Irene ist nicht allzu weit von ihnen entfernt und ist mit ihren eigenen Sachen beschäftigt. Alle drei sind Freundinnen. Dann bemerkt Irene, dass ihre beiden Freundinnen immer wieder zu ihr herüberschauen, während sie sich unterhalten und dabei lachen und kichern. Bald wird Irene argwöhnisch. Sie fängt an zu denken, dass ihre Freundinnen schlecht über sie reden. Genau das ist die Bösartigkeit des Teufels. Er spielt Psychospielchen mit dir.

Am nächsten Tag ruft Joyce Irene an und sagt: »Hallo Irene, hast du morgen schon etwas vor? Judy und ich würden dich gerne in dieses total angesagte Restaurant in der Stadt mitnehmen.«

»Ach, ich weiß nicht! Ich bin gerade ziemlich beschäftigt«, erwidert Irene.

Joyce spürt die Anspannung in Irenes Stimme und fragt: »Irene, ist bei dir alles in Ordnung?«

»Ja«, antwortet Irene.

Weil sie nicht überzeugt ist, fragt Joyce noch einmal: »Stimmt irgendwas nicht?«

»Nein, alles bestens«, antwortet Irene. Wenn du so eine Antwort hörst, dann ist nicht alles bestens, das kannst du mir glauben!

Joyce beharrt darauf: »Schau mal, Irene, wir möchten wirklich gerne, dass du kommst. Wir bestehen sogar darauf!«

»Na gut, okay, ich komme«, gibt Irene endlich nach.

Am nächsten Tag geht Irene mit ihren beiden Freundinnen in das Restaurant. Als sie es betritt, sieht sie, dass ihre Familie und alle ihre Freunde da sind. Sie rufen: »Überraschung! Alles Gute zum Geburtstag!« Durch den ganzen Raum flattern Luftschlangen und schweben Luftballons! Joyce und Judy sind mittendrin und rufen: »Hallo Irene, alles Gute zum Geburtstag!«

Dann lacht Joyce und sagt: »Weißt du was, Irene? Gestern, als wir über deine Geburtstagsparty geredet haben, haben wir gesehen, wie du uns angeschaut hast und dachten, du hättest unsere Pläne herausgefunden. Wir dachten, wir hätten uns verraten. Ich glaube sogar, du wusstest, dass wir eine Geburtstagsparty für dich organisieren, oder?«

Ist es nicht erstaunlich, wie wir ganze Tage damit zubringen können, wegen etwas besorgt oder wütend zu sein, das gar nicht existiert, weil es auf einer Lüge basiert? Manchmal verbringen wir sogar Wochen oder Monate damit, von Selbstmitleid, Angst oder Sorge verzehrt zu werden, weil wir unbewusst einer Lüge geglaubt haben. Was für eine Verschwendung von Zeit und Energie!

Die Wahrheit zu kennen, macht dich frei

Die Wahrheit alleine macht dich nicht frei. Erst wenn du die Wahrheit *erkennst*, wirst du frei. Jesus sagte: »Ihr werdet die Wahrheit *erkennen*, und die Wahrheit wird euch frei machen!« (Joh 8,32). Als Irene die Wahrheit erkannte, wurde sie befreit. Sie war nicht länger wütend auf ihre Freundinnen.

Ich will es noch einmal veranschaulichen. Ich hatte einmal einen Alptraum. Ich träumte, dass ich in der Grundausbildung bei der Armee war und dass ich mich am ersten Tag der Ausbildung verspätet hatte. Der Feldwebel stand direkt vor mir und schrie mich wütend an.

»Hier stimmt etwas nicht«, sagte ich zu dem Feldwebel. »Warum muss ich die Grundausbildung noch mal machen?« Ich hatte die Grundausbildung schon abgeschlossen, als ich noch jünger war.

In meinem Alptraum ignorierte der Feldwebel mich und fuhr fort, mich mit allen möglichen Kraftausdrücken zu beschimpfen. »Sie sind zu spät! Sie sind zu spät!«, brüllte er.

Ich starrte ihn an und sagte: »Das hier sollte nicht passieren. Ich glaub, ich bin im falschen Film!«

Er schaute mir in die Augen und sagte: »Jetzt hören Sie mir mal zu, Sie sind hiermit verwarnt, und diese Verwarnung gilt für die nächsten drei Monate!«

»Hier stimmt etwas nicht!«, wiederholte ich.

Dann wachte ich auf. Ich erkannte bald, dass alles nur ein schlimmer Traum gewesen war, und war so erleichtert.

Oh Mann, was für eine Erleichterung ist es, die Wahrheit zu erkennen! Du wirst frei, wenn du die Wahrheit erkennst!

KAPITEL 4

DER BRUSTPANZER DER GERECHTIGKEIT

So steht nun fest, ... angetan mit dem Brustpanzer der Gerechtigkeit.
Epheser 6,14

Deine Gerechtigkeit ist ein Geschenk

Das zweite Stück der Waffenrüstung, das in Epheser 6 erwähnt wird, ist der Brustpanzer der Gerechtigkeit. Wozu dient der Brustpanzer? Er beschützt dein Herz. Weißt du, bekommt man einen Schnitt ins Bein oder in den Arm verpasst, überlebt man. Aber wenn man ins Herz gestochen wird, wird man sehr wahrscheinlich sterben. Wenn der Teufel dich angreift, will er deinen Glauben lahm legen. Was tut er also? Er zielt auf dein Herz ab, dein geistliches Herz.

In 1. Johannes 3,21 heißt es: »Geliebte, wenn unser Herz uns nicht verurteilt, dann haben wir Freimütigkeit zu Gott.« Daher greift der Teufel dein Herz mit Anklagen an. Er wird dir Dinge sagen wie: »Du nennst dich Christ? Du bist so ein Heuchler. Du bist so ein lausiger Christ. Du bist ein Christ, der vom Glauben abgefallen ist. Du hast nicht lange genug gebetet und gefastet. Du hast nicht genügend Kapitel in der Bibel gelesen.« Oder vielleicht sagt er dir: »Du hast gestern das Falsche gesagt. Und letzte Woche hast du eine schlechte Entscheidung getroffen.« Dem Teufel geht es immer um etwas, das du getan oder nicht getan hast.

Um dein Herz vor solchen Anklagen zu schützen, musst du wissen, was die Gerechtigkeit Gottes ist und was nicht. Sie beruht nicht auf dem, was du richtig oder falsch gemacht hast. Nein, vor Gott richtig zu sein, ist ein *Geschenk*. In Römer 5,17 sagt uns Paulus, dass »die, welche den Überfluss der Gnade und das *Geschenk* der Gerechtigkeit empfangen, im Leben herrschen durch den Einen, Jesus Christus!« Demnach ist Gerechtigkeit ein Geschenk und beruht auf dem, was Christus getan hat. Außerdem sagt Daniel 9,24, dass Jesus »ewige Gerechtigkeit« gebracht hat. Das bedeutet, dass du diese Gerechtigkeit nicht verlieren kannst. Sie ist ewig!

Wenn du glaubst, dass Gerechtigkeit von dem abhängt, was du tust, wird der Teufel dich jedes Mal erwischen.

Sagen wir einmal, du wachst morgens auf und bist schlecht drauf. Wir alle haben Momente oder Phasen, in denen wir aufwachen und schlecht drauf sind. Dann steigst du in dein Auto und während du zur Arbeit fährst, bist du plötzlich mittendrin im dichten Verkehr. Auf einmal schert jemand auf deiner Fahrspur dicht vor dir ein. Du verlierst die Nerven, überholst ihn und schreist ihn an. Als Gläubiger weißt du, dass du das nicht hättest tun sollen. Dann kommt der Teufel und verurteilt dich. Bist du jetzt immer noch gerecht? Vielleicht fühlst du dich nicht so, aber ja, du bist immer noch gerecht, denn deine Gerechtigkeit ist ein Geschenk, das nicht auf dem beruht, was *du* getan hast, sondern was *Christus* getan hat. Wenn du also gerade jemanden im Zorn angeschrien hast, darfst du wissen, dass du deine gerechte Stellung vor Gott nicht verloren hast. Deine Gerechtigkeit ist ein Geschenk von Gott.

Manche Christen glauben immer noch, wir müssten lernen, Dinge gerecht durchzuführen. Anders ausgedrückt sagen sie, dass unsere Gerechtigkeit auf unserem *Tun* beruht. Wenn du glaubst, dass Gerechtigkeit von dem abhängt, was du tust, dann muss der Teufel dich nur auf etwas hinweisen, das du soeben falsch gemacht hast und schon fühlst du dich verdammt. Lieber Freund, wenn Gerechtigkeit von dem abhängt, was du tust, wird der Teufel dich jedes Mal erwischen. Sogar wenn du einige Dinge richtig gemacht hast, wird er dir sagen, dass es nicht gut genug ist. Oder er wird dich auf die Dinge hinweisen, die du falsch gemacht hast. Er erwischt dich so oder so, weil du dich auf deine eigene Leistung verlässt.

Deshalb musst du wissen, dass deine Gerechtigkeit nicht auf dem beruht, was du tust, sondern auf dem, was Christus getan hat. Wegen Jesus gibt Gott sie dir als Geschenk und sagt: »Sogar wenn du versagst, bist du in meinen Augen gerecht.« Das ist die einzige Art der Gerechtigkeit, die dich durchtragen wird. Je mehr du erkennst, dass deine Gerechtigkeit ein Geschenk von Gott ist, das auf dem Gehorsam Christi und nicht auf deinem Gehorsam beruht, umso mehr kannst du deine Übellaunigkeit, deine Gereiztheit und deinen Stolz besiegen. Darf ich dich fragen: Wenn du weißt, dass du versagt hast und trotzdem noch mit Gott im Reinen bist, bringt dich das dazu, weiter sündigen zu wollen? Nein, auf keinen Fall! Du wirst Gott sogar mehr lieben! Sobald dir klar wird, dass du trotz deines Scheiterns gerecht bist, wirst du nicht mehr sündigen wollen. Paulus sagte den Korinthern: »Erwacht zu Gerechtigkeit und sündigt nicht« (1Kor 15,34 NKJV). Wenn du zu Gerechtigkeit erwachst und erkennst, wie gerecht du in Christus bist, wirst du nicht sündigen wollen.

Lass dich von Gerechtigkeit überführen, nicht von Sünde

Jesus sagte in Johannes 16,8 über den Heiligen Geist: »Und wenn jener kommt, wird er die Welt überführen von Sünde und von Gerechtigkeit und vom Gericht.« Welche Sünde ist das? Es ist die Sünde des Unglaubens – »von Sünde, weil sie nicht an mich glauben« (Joh 16,9). Früher, bevor du Christ warst, wurdest du von dieser Sünde überführt. Daher muss dich der Heilige Geist nicht länger von dieser Sünde überführen. Doch wovon überführt er dich dann? Er überführt dich, den Gläubigen, von Gerechtigkeit, nicht von Sünde!

Lass mich das erklären. Als Jesus auf der Erde war, konnten die Leute die Bestätigung und Annahme in seinen Augen sehen. Sagen wir mal, Johannes, der jüngste der zwölf Jünger, sieht eines Tages ein hübsches jüdisches Mädchen vorbeigehen und schaut sie länger an als er sollte. Als er es bemerkt, sagt er: »Ach, du meine Güte! Ich hätte sie nicht so ansehen dürfen!« Er wendet sich um, um Jesus anzusehen. Jesus schaut ihn direkt an. Und Johannes sieht immer noch die Annahme in Jesu Augen! Was ist gerade passiert? Johannes ist soeben von Gerechtigkeit überführt worden! Jesus ist bei ihm und Johannes ist immer noch von ihm angenommen. Aber einige Zeit später geht Jesus zurück, um bei seinem Vater zu sein und Johannes sieht ihn nicht mehr. Wer wird Johannes nun von Gerechtigkeit überführen, insbesondere dann, wenn er versagt hat? Der Heilige Geist wird es tun. Er ist heute auf der Erde, um Gläubige zu überführen – nicht von Sünde, sondern von Gerechtigkeit: »von Gerechtigkeit aber, weil ich zu meinem Vater gehe und ihr mich nicht mehr seht« (Joh 16,10).

Traurigerweise glauben manche Christen noch immer, dass der Heilige Geist der »Überführer« ihrer Sünden ist. Sie lassen ihn wie einen Nörgler oder Meckerer aussehen, und wer will schon mit einem Nörgler zusammenleben?

Sei gegründet in Gottes Gerechtigkeit

In Hebräer 10,15–17 heißt es, dass der Heilige Geist uns bezeugt, dass Gott nicht mehr an unsere Sünden denkt. Die Betonung liegt hier auf der Vergebung der Sünden. Das haben wir jetzt geklärt – alle unsere Sünden sind vergeben. Also haben auch Depression, Traurigkeit oder Bedrückung in unserem Leben nichts zu suchen. Alle unsere Sünden sind vergeben!

Als Christ ist es so wichtig, dass du dir über deine Vergebung und deine Gerechtigkeit in Christus im Klaren bist. Wenn dir diese Dinge nicht klar sind, wirst du Christus oder Gott niemals innig kennen oder die Kraft seiner Auferstehung erleben. Paulus sagte in Philipper 3,9–10: »… indem ich nicht meine Gerechtigkeit habe, die aus dem Gesetz ist, sondern die durch den Glauben an Christus, die Gerechtigkeit aus Gott aufgrund des Glaubens –, um ihn und die Kraft seiner Auferstehung … zu erkennen.« Wenn du in der Kraft seiner Auferstehung leben willst, musst du fest in dem Wissen stehen, dass du die Gerechtigkeit Gottes in Christus bist und dass diese Gerechtigkeit nicht auf deiner, sondern auf seiner Leistung beruht – auf dem, was Christus getan hat.

Jesaja 54,14 erklärt: »Durch Gerechtigkeit wirst du fest gegründet werden. Du wirst fern sein von Bedrückung …« Übrigens, Bedrückung (oder Bedrängnis) schließt Krankheit mit ein. In Apostelgeschichte 10,38 (NLB) steht: »Und ihr wisst auch, dass Gott Jesus von Nazareth mit dem Heiligen Geist und mit Kraft gesalbt hat. Er zog umher, tat Gutes und heilte alle, die vom Teufel *bedrängt* waren, denn Gott war mit ihm.« Krankheit ist eine Bedrängnis.

Wenn es in Jesaja also heißt: »Du wirst fern sein von Bedrückung«, bedeutet das auch, dass du ferne sein wirst von Krankheit!

Manchmal sehen wir die Symptome des Fluches in unserem Leben. Wir stehen vielleicht Bedrückung, Depression, Entmutigung, begrenzten Mitteln oder sogar Krankheit gegenüber. Das sind Symptome des Fluches und sobald du das erkennst, kannst du sofort einen Ausweg daraus haben. Der Ausweg ist folgender: Sei dir deiner gerechten Stellung vor Gott bewusst. Erkläre an Ort und Stelle: »Ich bin die Gerechtigkeit Gottes in Christus!«

Wessen Gerechtigkeit ist es nun, in der wir gegründet sein sollen? Unsere Gerechtigkeit? Nein! Wenn es unsere Gerechtigkeit wäre, würden wir solche Fragen stellen: »Wie lange soll ich beten?« und »Wie viele Kapitel muss ich jeden Tag in der Bibel lesen?« Nein, Jesaja 54,17 (LUT) erklärt: »… ihre Gerechtigkeit kommt *von mir*, spricht der HERR.« Und Römer 5,17 erinnert uns daran, dass diese Gerechtigkeit ein Geschenk ist – »… wie viel mehr werden die, welche den Überfluss der Gnade und das *Geschenk* der Gerechtigkeit empfangen, im Leben herrschen durch den Einen, Jesus Christus!«

Lebe Gerechtigkeits-bewusst

Uns wird gesagt, dass wir das Geschenk der Gerechtigkeit empfangen, wenn wir Jesus empfangen. Das griechische Wort für »empfangen« ist *lambano* und meint damit ein beständiges Empfangen. Bedeutet das, dass wir unsere Gerechtigkeit verlieren können? Nein! Aber wir können unser Bewusstsein dafür verlieren. Wenn du versagst, ist es an der Zeit, deine Gerechtigkeit zu *lambano*-en. Dann ist es an der Zeit zu sagen: »Ich bin die Gerechtigkeit Gottes in Christus!« In diesem Moment, in dem du das sagst, passiert etwas mit dir. So schnell wie ein Luftballon, der unter Wasser gedrückt wurde, steigst du wieder zur Oberfläche auf. Der Teufel kann dich nicht lange unten halten. Du steigst auf, weil du zu deiner Gerechtigkeit erwachst. Sie ist nichts, das du verdienst. Sie ist etwas, das dir gegeben wird, weil du Jesus hast.

Einige Christen sind sich nicht bewusst, dass sie das Geschenk der Gerechtigkeit erhalten haben. Es ist wichtig zu verstehen: Nur weil du Jesus hast, bedeutet dies nicht, dass du auch in den Segnungen dieser Gerechtigkeit lebst. Du kannst Gerechtigkeit haben und trotzdem bekümmert und bedrückt sein, weil dir nicht bewusst ist, was du hast.

Du kannst nicht wieder un-gerecht werden

Weißt du, dass du, sobald du einmal gerecht gemacht worden bist, nicht wieder un-gerecht werden kannst? Es ist wie bei einer Raupe, die sich in einen bunten Schmetterling verwandelt. Die Raupe hat die nächste Stufe ihres Lebens erreicht, als sie ein Schmetterling wurde. Sie kann sich nicht in eine Raupe zurückverwandeln. Sie bleibt für den Rest ihres Lebens ein Schmetterling!

Früher warst du eine Raupe. Mit anderen Worten, früher warst du ein Sünder. Eines Tages hast du eine Erfahrung durchlebt, bei der du wiedergeboren wurdest. Du hast dich in einen Schmetterling verwandelt. Du bist keine Raupe mehr. Du bist kein Sünder mehr. Deshalb kannst du auch nicht durch die Gegend laufen und sagen: »Ich bin nur ein Sünder, der aus Gnade errettet wurde.« Warum nicht? Weil du *früher* ein Sünder warst, aber jetzt nicht mehr! Du warst *früher* eine Raupe, aber jetzt nicht mehr!

Hin und wieder kommt es vor, dass sich der Schmetterling auf einen Abfallhaufen setzt, statt auf eine schöne Blume im Garten.

Ist er trotzdem noch ein Schmetterling? Natürlich! Er verwandelt sich nicht zurück in eine Raupe, nur weil er auf Abfall gelandet ist. Und er wird auch nicht lange auf dem Abfallhaufen sitzen bleiben, denn es gefällt ihm dort nicht – es liegt einfach nicht in seiner Natur, Abfall zu mögen und mit den Fliegen abzuhängen. Gleichermaßen tut ein Christ manchmal sündige Dinge, aber das macht ihn nicht wieder zu einem Sünder, weil er sich bereits in eine neue Schöpfung verwandelt hat. Er ist einfach ein Christ, der etwas Sündiges getan hat. Das Gegenteil ist ebenfalls wahr: Wenn ein Sünder Gutes tut, macht ihn das nicht zu einem Christen.

Sobald du einmal gerecht gemacht worden bist, kannst du nicht wieder un-gerecht werden.

Mein Freund, wenn wir wissen, dass wir gerecht sind, werden wir mit Christus herrschen (Röm 5,17). Und wenn wir in seiner Gerechtigkeit leben, wird Bedrückung fern von uns sein (Jes 54,14). Willst du im Leben herrschen? Willst du, dass die Angriffe des Teufels bei dir wirkungslos sind? Dann brauchst du ein tieferes Verständnis dafür, dass du in Christus gerecht bist. Und dann trage diesen Brustpanzer der Gerechtigkeit voller Zuversicht!

KAPITEL 5

DAS EVANGELIUM DES FRIEDENS

So steht nun fest, ... die Füße gestiefelt mit der Bereitschaft [zum Zeugnis] für das Evangelium des Friedens.
Epheser 6,14–15

Bleibe in seinem Frieden

Das nächste Teil der Waffenrüstung ist das Evangelium des Friedens. In Johannes 14,27 (LUT) heißt es: »Den Frieden lasse ich euch, meinen Frieden gebe ich euch. Nicht gebe ich euch, wie die Welt gibt. Euer Herz erschrecke nicht und fürchte sich nicht.« In Römer 10,15 steht: »Wie lieblich sind die Füße derer, die Frieden verkündigen, die Gutes verkündigen!« Viele von uns erhalten Gelegenheiten, das Evangelium mit unseren Freunden und Verwandten zu teilen. Darauf bezieht sich dieser Vers. Deine Füße sind jederzeit bereit, gute Botschaft zu Menschen zu bringen. Aus diesem Grund sagt Gott, dass deine Füße lieblich sind! Du trägst deine *Evangelium-des-Friedens*-Schuhe.

Warum genau Evangelium des *Friedens*? Weil Gott weiß, dass wir uns in unseren Gedanken und unseren Herzen so leicht fürchten. In Johannes 14,27 (LUT) steht: »Euer Herz erschrecke nicht und fürchte sich nicht.« In Philipper 4,6 steht: »Sorgt euch um nichts; sondern in allem lasst durch Gebet und Flehen mit Danksagung eure Anliegen vor Gott kundwerden.« Der Teufel kommt mit einem Christen, der im Frieden bleibt, nicht klar. Denn der Teufel selbst hat keinen Frieden. Er ist im Grunde ruhelos. In Matthäus 12,43 heißt es, dass böse Geister umherziehen und Ruhe suchen, aber keine finden.

Der Teufel will deine Gedanken beunruhigen, dein Herz erschrecken und deine Gefühle durcheinander bringen. Kein Wunder, dass die Bibel in 1. Petrus 5,8 sagt, dass er umhergeht wie ein brüllender Löwe und sucht, wen er verschlingen kann. Doch im Vers davor steht: »Alle eure Sorge werft auf ihn; denn er sorgt für euch« (1Petr 5,7). Also kann ein Christ, der sich darin übt, alle seine Sorgen auf den Herrn zu werfen, nicht vom Teufel verschlungen werden.

Im geistlichen Kampf ist es unerlässlich, dass du deine Evangelium-des-Friedens-Schuhe anziehst. Soldaten nehmen ihre Füße und Stiefel sehr wichtig. Es ist sogar äußerst wichtig, im Krieg darauf zu achten, dass deine Füße gesund und deine Stiefel in einem guten Zustand sind. Du weißt nie, wohin die Schlacht dich bringen wird. Es könnte sein, dass du in Sümpfen kämpfen oder tagelang durch unwegsames Gelände laufen musst. Und wenn man nicht gehen oder rennen kann, weil die Füße verletzt sind, wird der ganze Körper in Gefahr sein, wenn der Feind zuschlägt.

Stiefel sind außerdem nützlich, um Skorpione, Schlangen und Kakerlaken zu zertreten. Genau das sollen Gläubige tun. Lukas 10,19 erklärt: »Siehe, ich gebe euch die Vollmacht, auf Schlangen und Skorpione zu treten, und über alle Gewalt des Feindes; und nichts wird euch in irgendeiner Weise schaden.« Ziehe also deine geistlichen Stiefel an!

Friede ist dein Schiedsrichter

Wenn du im Frieden lebst, ist es tatsächlich so, dass du unbewusst Gott erlaubst, dich zu führen. Man muss nicht schlau sein, um Gott zu folgen. Oftmals führt uns der Heilige Geist durch Anwesenheit oder Abwesenheit inneren Friedens. So treffe ich Entscheidungen für meine Gemeinde. Manche Dinge klingen sehr vernünftig, doch wenn ich in meinem Geist keinen Frieden über sie habe, tue ich sie nicht. Gleichermaßen klingt manches nicht sehr weise, aber wenn ich Frieden darüber habe, tue ich es.

In Kolosser 3,15 steht: »Und der Friede Gottes regiere in euren Herzen …« Das Wort *regieren* bedeutet hier im Griechischen »ein Schiedsrichter sein«. Lass also in allem, was du tust, den Frieden Christi regieren bzw. als Schiedsrichter entscheiden. Alle von uns haben wahrscheinlich schon einmal gesehen, wie Schiedsrichter ein Tennisspiel leiten. Wenn der Schiedsrichter »Aus!« ruft, hat es keinen Zweck, mit ihm zu diskutieren. Du kannst den ganzen Tag lang vergeblich »Drin!« rufen. Du kannst deinen Schläger auf den Boden werfen, wie John McEnroe das immer tat, und rufen: »Der war drin!«, doch der Schiedsrichter hat das letzte Wort. Lass daher den Frieden Christi in deinem Herzen regieren bzw. als Schiedsrichter entscheiden.

»Meinen Frieden gebe ich euch«

In Johannes 14,27 (LUT) steht: »Den Frieden *lasse* ich euch, meinen Frieden gebe ich euch. Nicht gebe ich euch, wie die Welt gibt. Euer Herz erschrecke nicht und fürchte sich nicht.« Jahrelang habe ich nicht ganz verstanden, was das Wort *lassen* in diesem Vers wirklich bedeutet. Eines Tages studierte ich das Wort und fand heraus, dass es nicht einfach »zulassen, dass etwas zurückbleibt« oder »nicht mitnehmen« bedeutet, so als würde jemand sagen: »Okay, ich lasse meine Tasche hier bei dir.« Nein, das Wort bedeutet eigentlich *vermachen*. Anders ausgedrückt sagt Jesus: »Ich vermache euch meinen Frieden.«

Doch was bedeutet das Wort *vermachen*? Sagen wir, ein im Sterben liegender Mann lässt seine Kinder um sich versammeln, damit er ihnen sein Vermögen oder Unternehmen vermachen kann. Genau das bedeutet das Wort *vermachen* – nach dem eigenen Tod testamentarisch ein Erbe zu geben oder zu hinterlassen. Als Jesus kurz vor seinem Tod am Kreuz stand, vermachte er uns sein Erbe – seinen Frieden. Es war nicht einfach irgendein Friede. Jesus sagte: »Mein Friede«. Es war buchstäblich *sein* Friede, den er uns vermachte.

Ich habe noch etwas über diesen Vers herausgefunden. Ich hatte bei »Frieden« immer an »Frieden im Herzen« oder »inneren Frieden« gedacht. Nun, das ist durchaus mit inbegriffen, aber eines Tages öffnete der Heilige Geist meine Augen. Ich erkannte auf einmal, dass Jesus damals mit seinen jüdischen Brüdern sprach. Demnach muss er das hebräische Wort *schalom* verwendet und zu ihnen gesagt haben: »Schalom lasse ich euch, meinen Schalom vermache ich euch. Nicht wie die Welt gibt, gebe ich euch.«

Der Friede, den Jesus uns vermachte, schließt Wohlbefinden, Gesundheit und Wohlstand mit ein.

In Strong's Concordance sehen wir, dass die Definition des Wortes *schalom* Wohlbefinden, Gesundheit und Wohlstand einschließt, nicht nur Frieden im gebräuchlichen Sinn. Der Friede, den Jesus für uns zurückgelassen hat, ist buchstäblich auch seine Gesundheit und sein Wohlstand! Als er also sagte: »Meinen Schalom lasse ich euch«, vermachte er uns als Erbe auch seine eigene Gesundheit und seinen Reichtum.

Ich habe das Wort *Friede* auch in einem griechischen Lexikon nachgeschlagen und herausgefunden, dass es Frieden und Ruhe im Gegensatz zu Streit bedeutet. Das Wort bezeichnet die Abwesenheit oder das Ende von Streit. Und weil es vom hebräischen Wort *schalom* geprägt wurde, beinhaltet es auch einen Zustand der Gesundheit, einen Zustand sorglosen, ungestörten Wohlbefindens. Das gefällt mir! Gott will, dass du in einem ununterbrochenen Zustand des *Schalom*-Friedens bist. Genau das ließ Jesus für uns zurück. Aber denke immer daran, dass der Teufel versuchen wird, dieses Gefühl des Friedens zu stören.

Eines Tages kam meine Frau vom Kindergarten unserer Tochter nach Hause und erzählte mir, dass der Erzieher ihr gerade mitgeteilt hatte, unsere Tochter Jessica laufe im Kindergarten gerne einem bestimmten Jungen hinterher und jage ihn herum. Und nicht nur das: Wenn sie ihn dann zu fassen bekäme, küsse sie ihn auch noch. Ich sagte: »Was? Mein vierjähriges Mädchen läuft einem Jungen hinterher?« Ich erkannte sofort, dass mein Herz bestürzt war. Nun hatte ich meiner Frau allerdings schon von genau dieser Offenbarung über Frieden erzählt. Als sie meine ängstliche Reaktion sah, sagte sie folglich zu mir: »Dein Herz erschrecke nicht!« Nachdem sie das gesagt hatte, ging es mir wieder gut.

Nicht lange danach besuchte ich eine Vatertags-Aufführung in Jessicas Kindergarten. Die Kinder waren draußen und spielten, als meine Frau zu mir kam und sagte: »Liebling, siehst du diesen Jungen, hinter dem Jessica herrennt? Das ist der Junge!« Ich schaute mir den Jungen genau an. Ich sah, wie meine Tochter ihn verfolgte und er vor ihr wegrannte. Ich muss zugeben, das gefiel mir überhaupt nicht! Ich wollte nicht, dass meine Tochter einem Jungen hinterherlief! Weißt du, ich hätte es lieber, wenn die Jungen hinter ihr herlaufen würden!

Auf dem Heimweg hielt ich das Auto an, drehte mich zu meiner Tochter um und sagte: »Jessica, dieser Junge ist hässlich!« Sie schaute mich mit ihren großen Augen an. Ich sagte weiter: »Er sieht nicht einmal aus wie ein Traumprinz!« Meine Frau sah mich an und schüttelte den Kopf. Bevor der Tag vorüber war, tat ich Buße vor dem Herrn. Ich sagte: »Herr, es tut mir leid, dass ich gesagt habe, der Junge sei hässlich.« Kannst du das glauben, dass sogar ein Pastor wie ich von so etwas Kleinem beunruhigt sein kann? Mein Freund, ob in großen oder kleinen Dingen, Gott will, dass wir im Frieden leben.

Geheilt von Schlaflosigkeit, Panikattacken, Nasennebenhöhlenentzündung und Magenschleimhautentzündung

Über einen Zeitraum von neun Jahren litt ein Mann aus unserer Gemeinde unter Schlaflosigkeit. Neun lange Jahre konnte er kaum schlafen. Sein Arzt verschrieb ihm Schlaftabletten. Er nahm immer drei Tabletten auf einmal ein und bekam so ein bis zwei Stunden Schlaf. Dann wachte er auf und konnte nicht wieder einschlafen. Also nahm er weitere Tabletten ein. Irgendwann schluckte er sechs Tabletten pro Nacht und wurde schließlich von ihnen abhängig.

Das Ganze begann, als ihm 1995 wegen Personalkürzungen gekündigt wurde und er danach keinen dauerhaften Arbeitsplatz mehr finden konnte. Ohne einen anständigen Job konnte er seine Familie nicht gut versorgen und das belastete ihn.

Dann litt er unter einer schlimmen Nasennebenhöhlenentzündung, bei der hinter seinen Wangenknochen Schleim festsaß, den er nicht mehr loswurde. In der Folge wurde er dreimal operiert, um das Problem zu beheben, doch es wurde nicht besser. Seine linke Wange war ständig entzündet, sodass er teure Antibiotika einnehmen musste, um die Infektion zu bekämpfen. Außerdem musste er regelmäßig ins Krankenhaus, um den Schleim mithilfe einer Dränage abfließen zu lassen. Genauso floss auch sein Geld dahin!

Wegen der Antibiotika, die er einnahm, begann sich seine Magenschleimhaut zu entzünden. Sein Stresspegel nahm zu, er konnte einfach nicht mehr natürlich schlafen. Ein Psychiater sagte, er leide unter Stress und Depressionen und gab ihm noch mehr Tabletten. Jeden Tag nahm er bis zu 30 Tabletten gegen Depression, Stress, Schlaflosigkeit, Magenschmerzen und Infektionen ein!

Weil er kein Geld mehr hatte, stieg er ins Baugewerbe ein und hoffte, dass sich die Situation dadurch verbessern würde. Sie tat es nicht. Er hatte noch mehr Stress bei der Arbeit und wünschte sich nur noch, einfach im Schlaf zu sterben. Schließlich bekam er Panikattacken. Wann immer sie auftraten, konnte er weder das Haus verlassen noch fahren oder sonst irgendetwas tun. Seine Frau musste zu Hause bleiben und sich um ihn kümmern. Also litt auch seine Familie. Und obwohl er nicht gut essen konnte, nahm er viel zu. Sein Gewicht stieg in kürzester Zeit um 10 Kilo!

Im April 2003 spürte er dann, dass der Herr zu ihm sagte, er solle einfach in Sprachen reden. Er gehorchte und begann, regelmäßig in Sprachen zu reden, obwohl er zu Beginn nur ein paar Silben sagen konnte.

Er sagte zu mir: *»Pastor Prince, in dem Moment, als ich begann, diese wenigen Silben in Sprachen zu reden, verspürte ich eine gewisse Ruhe!«* Er sagte, dass das Gefühl des Friedens ihn dazu anspornte, noch mehr in Sprachen zu beten. Je mehr er in Sprachen betete, umso mehr Frieden spürte er. Also betete er weiter in Sprachen. Die Probleme in seinen Nasennebenhöhlen begannen sich zu legen und auch seine Magenschleimhautentzündung heilte ab.

Dieser Mann erzählte mir: *»Jeden Tag tat ich zwei Dinge: Ich betete in Sprachen und ich hörte mir Ihre Predigtaufnahmen an.«* Immer, wenn er den Mut hatte, irgendwohin in die nähere Umgebung zu fahren, hörte er sich die Aufnahmen in seinem Auto an.

Langsam verließen ihn auch die Ängste und Panikattacken. Außerdem bekam er mit der Zeit ohne Schlaftabletten erholsamen Schlaf! Der Herr lehrte ihn sogar, wie er essen sollte – zwei Mahlzeiten pro Tag, aber dann durfte er essen, was immer er wollte. Heute sind sein Gewicht und sein Bauchumfang wieder normal!

Danach gründete er auf die Führung des Herrn hin ein Unternehmen. Weil seine vorherige Anstellung zu vermehrtem Stress und Furcht geführt hatte, zögerte er, die gleiche Arbeit wieder aufzunehmen. Der Herr fragte ihn: »Was hast du in deinen Händen?«

Er antwortete: »Ich habe nichts in meinen Händen außer meiner Fähigkeit und Leidenschaft, Computer zu reparieren.«

Der Herr sagte: »Genau das ist in deinen Händen!«

Also begann er, einen Computer-Reparaturservice anzubieten. Heute blüht sein Unternehmen und er ist finanziell gesegnet. Auch mit guter Gesundheit ist er gesegnet. Und er ist in der Lage, sinnvoll genutzte Zeit mit seiner Familie zu verbringen. Seine Frau sagt, dass sie einen neuen Mann hat und seine Kinder sagen, dass sie einen neuen Papa haben!

Dieser Mann lernte es, Ruhe zu finden und im Frieden zu bleiben. Wie? In Jesaja 28,11–12 (LUT) steht: »Jawohl, Gott wird einmal mit unverständlicher Sprache und mit einer fremden Zunge reden zu diesem Volk, er, der zu ihnen gesagt hat: ›Das ist die *Ruhe*; schafft Ruhe den Müden, und das ist die *Erquickung*!‹ …« Das ist einer der wenigen Verse im Alten Testament, die sich auf die Sprachenrede beziehen. Und Jesaja nennt diese Sprachenrede »Ruhe« und »Erquickung«. Als dieser Bruder unter Panikattacken litt und nicht wusste, was er tun sollte, betete er einfach in Sprachen. Und der Heilige Geist bewirkte einen übernatürlichen Frieden, der sein Herz bewahrte.

Nur Jesus gibt bleibenden Frieden

Auch die Welt verspricht uns Frieden. Die Welt sagt: »Wenn du sanfte New-Age-Musik hörst, das Licht herunterdrehst, Weihrauch verbrennst und meditierst, kannst du auch friedliche Gelassenheit empfinden.«

Aber weißt du was? Das ist alles nur emotional. Sobald die Musik aufhört, sobald der Weihrauch nicht mehr brennt und das Licht wieder angeht, hört der Friede auf. Warum? Weil es nur ein äußerlicher Friede ist, kein innerlicher.

Der Friede Jesu ist stark, bleibend und von äußeren Umständen unberührt.

Nur Jesus gibt wahren und bleibenden inneren Frieden. Und der Friede Jesu ist stark, dauerhaft und von äußeren Umständen unberührt. Wenn dein Friede von äußeren Umstanden beeinflusst wird, dann ist es kein Friede.

Petrus wusste, was echter Friede war. Er wurde gefangen genommen, ins Gefängnis geworfen und mit zwei Ketten angekettet. Aber »die Gemeinde betete ohne Aufhören für ihn zu Gott«

(Apg 12,5 LUT). Ich glaube, das bedeutet, dass die Gemeinde für ihn in Sprachen betete. Sie betete beständig für seine Befreiung. Während Petrus in dieser Nacht schlief, kam »der Engel des Herrn [...] herein und Licht leuchtete auf in dem Raum; und er stieß Petrus in die Seite und weckte ihn und sprach: Steh schnell auf! Und die Ketten fielen ihm von seinen Händen« (Apg 12,7 LUT). Verstehst du, Petrus muss so tief geschlafen haben, dass der Engel ihm einen Stoß versetzen musste, damit er aufwachte! Dieser Engel – dieses himmlische Wesen – kam aus der Gegenwart Gottes, als Antwort auf Petrus' Gebet, und der Mann schlief in der Nacht vor seinem Prozess und seiner möglichen Hinrichtung! Das ist echter Friede, mein Freund!

Manche von euch können in der Nacht, bevor sie an der Arbeit eine Präsentation halten müssen, nicht schlafen. Manche von euch können in der Nacht, bevor sie den Befund vom Arzt bekommen, nicht schlafen. Petrus stand kurz vor seinem Prozess und würde wahrscheinlich am nächsten Tag hingerichtet werden, und trotzdem konnte er ausgesprochen gut schlafen! Hätte er sich auf wohlriechende Aromatherapie-Öle verlassen, hätte er keinen Frieden gefunden, weil es im Gefängnis vermutlich ziemlich übel roch! Hätte er sich auf beruhigende New-Age-Musik verlassen, hätte er keinen Frieden gefunden, weil er nur das Stöhnen und Fluchen der Gefangenen gehört hätte!

Nein, Petrus verließ sich auf den Frieden, den Jesus ihm vermacht hatte und schlief friedlich. Das erinnert mich an einen anderen Mann, der inmitten eines schweren Sturmes in einem Boot schlief (Mk 4,38). Alle anderen um ihn herum waren in Panik. Und doch schlief Jesus – genauso wie Petrus im Gefängnis!

»Friede mit dir«

Wenn dein Kind in deinen Armen sterben würde, würde das deinen Frieden beeinträchtigen? Genau das passierte einer Frau im Alten Testament. 2. Könige 4 erzählt uns, dass der Prophet Elisa einer Frau aus Schunem, die keine Kinder hatte, eine Verheißung gab. Der Mann Gottes sagte zu ihr: »Nächstes Jahr um diese Zeit wirst du einen Sohn im Arm halten!« (2Kön 4,16 NLB). Und so empfing und gebar die Frau einen Sohn, als die festgelegte Zeit gekommen war.

Eines Tages, als der Junge zu seinem Vater aufs Feld hinausging, wurde er krank. Der Vater nahm den Jungen und brachte ihn zu seiner Mutter. Der Junge saß bis zum Mittag auf ihrem Schoß und starb dann.

Mein Freund, es ist möglich, dass Gott dir etwas gibt und der Teufel es dann angreift. Wie reagierst du darauf? Die Frau legte den Jungen auf das Bett des Mannes Gottes, schloss die Tür und ging hinaus. Was für eine Mutter! Die meisten Mütter würden das Kind halten und nur noch weinen! Das wäre die natürliche Reaktion.

Aber sie ging zu ihrem Mann und sagte: »Schick mir einen der Knechte und eine Eselin, damit ich schnell zu dem Mann Gottes gelange und bald wieder zurück sein kann« (2Kön 4,22 ELB) Ihr Mann sagte zu ihr: »Warum gehst du ausgerechnet heute? Es ist doch weder Neumond noch Sabbat.« Und sie antwortete: »Es ist alles in Ordnung!« (2Kön 4,23) Auf Hebräisch sprach sie nur ein Wort: »Schalom!« In diesem Zusammenhang bedeutet das: »Alles wird gut!«

Also sattelte sie einen Esel und machte sich auf den Weg zum Mann Gottes am Berg Karmel. Als Elisa sie aus der Ferne sah, sagte er zu seinem Diener Gehasi: »Siehe da, die Schunemiterin! Nun lauf ihr doch entgegen und sage zu ihr: Geht es dir gut? Geht es deinem Mann gut? Geht es dem Kind gut?« Die Frau aus Schunem antwortete: »Es ist alles in Ordnung!« (2Kön 4,25–26) Log sie damit? Nein, denn sie tat es Gott gleich, der die Dinge ruft, die nicht sind, als ob sie da wären (Röm 4,17). Wenn wir weiterlesen, finden wir heraus, dass Elisa zu dem toten Jungen ging und ihn durch die Kraft Gottes auferweckte.

Mein Freund, diese Frau kannte einen Frieden, den die Welt als außergewöhnlich bezeichnen würde. Keine New-Age-Meditation oder Aromatherapie hätte ihr das geben können! Jesus hat uns seinen Frieden vermacht. Er ist unser Erbe. Gott will, dass du und ich in einem andauernden Zustand von Schalom, einem Zustand sorglosen und ungestörten Wohlbefindens, einem Zustand von Gesundheit und Wohlstand leben. Friede ist mit dir – in Christus!

KAPITEL 6

DER SCHILD DES GLAUBENS

Vor allem aber ergreift den Schild des Glaubens, mit dem ihr alle feurigen Pfeile des Bösen auslöschen könnt.
Epheser 6,16

Stimme den Gedanken vom Teufel nicht zu

Der Vers beginnt mit den Worten »Vor allem«. Wenn du die Worte »vor allem« siehst, weist es darauf hin, dass das, worauf sie sich beziehen, höchste Priorität hat. Mit anderen Worten: Von allen Teilen der Waffenrüstung ist der *Schild des Glaubens* von größter Wichtigkeit.

Der Schild des Glaubens kann »alle feurigen Pfeile auslöschen«, die der Böse auf uns schießt. Was sind diese feurigen Pfeile? Es sind Gedanken. Wenn der Teufel dich mit ihnen beschießt, kannst du sie entweder auslöschen oder ihnen zustimmen. Wenn du ihnen zustimmst, kann der Teufel in dein Leben vorstoßen.

Erinnerst du dich an die Geschichte von Irene und ihren beiden Freundinnen, die eine Geburtstagsparty für sie veranstalteten? Aus dieser Geschichte haben wir gelernt, dass der Teufel unseren Verstand mit Gedanken beschießen kann, um uns hereinzulegen. Die arme Irene dachte, dass sich ihre Freundinnen gegen sie verschworen hätten, während sie in Wahrheit einen Plan schmiedeten, um sie zu segnen! Leider nahm Irene diese feurigen Pfeile vom Teufel an.

Wenn wir den Gedanken, mit denen er uns beschießt, zustimmen, ist er in der Lage, uns Furcht, Selbstmitleid, Verdammnis, Gefühle der Ablehnung, Gefühle des Verrats und so weiter einzuflößen. Sagen wir beispielsweise, in deinem Körper zeigt sich ein Symptom. Der Teufel beschießt dich dann mit einem Gedanken: »Es ist Krebs! Erinnerst du dich daran, dass dein Großvater an dieser Krankheit gestorben ist?« Wenn du den Gedanken zustimmst und darüber nachdenkst, wirst du dich allmählich fürchten.

Stimme ihnen nicht zu, mein Freund! In Epheser 6,16 steht, dass dir der Schild des Glaubens dabei hilft, alle feurigen Pfeile des Bösen auszulöschen. Wie solltest du also darauf reagieren? Nun, deine Aufgabe ist es, einfach den Schild des Glaubens oben zu halten, um die feurigen Pfeile auszulöschen, die von Norden, Süden, Osten und Westen auf dich zufliegen. Du musst dir keine Gedanken darüber machen, woher die Pfeile kommen. Du musst dir auch keine Gedanken darüber machen, wie viele Pfeile auf dich geschossen werden. Alles, was du tun musst, ist, deinen Schild des Glaubens oben zu halten, weil er nicht nur einige, sondern *alle* Pfeile auslöschen wird.

Es geht nicht darum, Glauben an deinen Glauben, sondern Glauben an Gottes Glauben zu haben.

Du wirst dich hauptsächlich mit dieser Frage auseinandersetzen müssen: Lebe ich im Glauben? Handle ich im Glauben? Aber es geht nicht darum, dass du Glauben an deinen Glauben hast, es geht darum, Glauben an *Gottes* Glauben zu haben. Wie funktioniert Glaube? Er funktioniert, wenn wir wissen, wie sehr Gott uns liebt (Gal 5,6). Die feurigen Pfeile, die der Teufel auf uns schießt, sind dafür gedacht, gegen die einzelnen Teile unserer Rüstung anzugehen. Die Pfeile versuchen uns davon abzuhalten, auf Gottes Wahrheit zu vertrauen. Sie versuchen uns davon abzuhalten, an unsere Gerechtigkeit in Christus zu glauben. Sie versuchen uns davon abzuhalten, im Frieden zu leben. Doch solange du weißt, dass du im Glauben lebst, musst du dir keine Gedanken darüber machen, woher die feurigen Pfeile geflogen kommen, weil sie ja sowieso ausgelöscht werden.

Der Apostel Paulus gebrauchte in seinen Briefen oft Bilder aus der Kriegsführung. Hier verwendet er auch Bildersprache aus futuristischen Schlachten. In vielen Science-Fiction-Filmen wie *Star Wars* haben die großen Raumschiffe oft einen unsichtbaren Schild um sich herum. Wenn sie von ihren Gegnern beschossen werden, prallen die Laserstrahlen einfach von diesem unsichtbaren Schild ab. Die einzige Möglichkeit, den Schild abzuschalten, besteht darin, das Raumschiff von innen heraus zu sabotieren.

Wir sind ein bisschen wie diese Raumschiffe. Unser unsichtbarer Schild ist unser Glaube. Und der Teufel versucht, ihn zu deaktivieren, indem er uns von innen heraus mit Gedanken und Anklagen angreift. Und wenn wir beginnen, diesen Gedanken Raum zu geben und ihnen zu glauben, stehen wir ohne einen schützenden Schild da und die feurigen Pfeile können uns treffen und Schaden anrichten. Doch wenn du im Glauben lebst, bist du vor den feurigen Pfeilen des Teufels geschützt. Wenn dein Schild des Glaubens aktiviert ist, ist es gleichgültig, wie viel tausende feurige Pfeile, aus welcher Richtung auch immer, auf dich geschossen werden, denn dein Schild wird alle Pfeile auslöschen.

Einige Christen tun nun genau das Gegenteil. Sie halten einen Schild des Zweifels hoch und löschen alle Segnungen von Gott aus! Vergewissere dich also, dass dein Schild ein Schild des Glaubens und nicht des Zweifels ist.

»Ruhe in meinem Glauben«

Vor nicht allzu langer Zeit hatte ich eine chronische Hautkrankheit. Eines Tages sagte ich zu Gott: »Ich glaube, dass mich dieser Schmerz jetzt verlassen wird.«

Daraufhin sprach der Herr zu mir und sagte: »Sohn, ist er weg?«

»Nein, ist er nicht«, antwortete ich.

Er fragte: »Glaubst du, dass ich den Glauben für dein Wunder habe?«

»Natürlich glaube ich das!«, sagte ich.

Und er sagte: »Ruhe in meinem Glauben.«

Ich ruhte in seinem Glauben und die Krankheit verschwand an diesem Tag von meinem Körper! Ich fühlte nichts Außergewöhnliches. Ich spürte keine Engelsflügel über mein Gesicht streichen. Aber sie verschwand!

Verstehst du, Glaube ist einfach, also mache ihn nicht so kompliziert. Manche von uns versuchen so sehr, Glauben zu haben oder Glauben aufzubauen, dass es sich zu einem Glauben an *unseren* Glauben entwickelt. »Habe ich genug Glauben? Habe ich genügend Bibelverse proklamiert? Habe ich sie im Glauben proklamiert? Vielleicht sollte ich noch das tun …« Nein, du solltest in *seinem* Glauben ruhen. Glaube einfach, dass *er* den Glauben für dein Wunder hat. Glaube einfach, dass er dein Wunder zustande bringen kann und dass er es zustande bringen will, weil er dich liebt. Wenn du seine Gnade für dich siehst, wenn du deine Augen auf ihn gerichtet hältst und einfach an ihn glaubst, dann ist das Glaube, ohne dass du dir dessen bewusst bist!

Eines Sonntags, während einer meiner Predigten über Heilung, war eine Dame in unserer Gemeinde damit beschäftigt, SMS-Nachrichten an ihre Freundin zu schicken, die zu Hause war. Die Nachrichten enthielten Punkte und Bibelverse aus der Predigt. Sie erzählte ihrer Freundin auch, dass sie nur glauben und Folgendes bekennen sollte: »Durch Jesu Wunden bin ich geheilt!« Weißt du, ihre Freundin hatte Krebs. Ihre Freundin las also die SMS-Nachrichten und bekannte, dass sie durch Jesu Wunden geheilt war. Als sie in derselben Woche wieder zu ihrem Arzt ging, konnte er keine Spur von Krebs finden! Ich glaube, dass sie am selben Tag geheilt wurde, als sie glaubte, dass sie durch Jesu Wunden geheilt war.

Nun, ich wünschte, jeder Kranke könnte die Manifestation seiner Heilung innerhalb eines Tages empfangen! Doch es geschieht nicht immer so schnell. Deshalb kann ich dir auch nicht sagen, wie lange du bekennen solltest »durch Jesu Wunden bin ich geheilt«, bis die Manifestation deiner Heilung kommt. Aber eines ist sicher: Es ist Gottes Wort und Gottes Wort kann nicht leer zu ihm zurückkehren. Wenn du es einen Monat lang bekennen musst, bekenne es einen Monat lang und wisse, dass Jesus den Glauben für dein Wunder hat. Tue es einfach, bis sich deine Heilung manifestiert. In Hebräer 10,35–36 (NLB) steht: »Werft dieses Vertrauen auf den Herrn nicht weg, was immer auch geschieht, sondern denkt an die große Belohnung, die damit verbunden ist! Was ihr jetzt braucht, ist Geduld, damit ihr weiterhin nach Gottes Willen handelt. Dann werdet ihr alles empfangen, was er versprochen hat.« Und während du Gottes Wort bekennst, ruhe einfach in *seinem* Glauben, nicht in deinem. Glaube einfach, dass *er* den Glauben für dein Wunder hat!

KAPITEL 7

DER HELM DER RETTUNG

Setzt den Helm eurer Rettung auf.
Epheser 6,17 NLB

Hoffnung ist ein zuversichtliches Erwarten von Gutem

Sehen wir uns nun den Helm des Heils an. Vielleicht denken manche von euch: »Ich bin durch Christus errettet, also habe ich das mit dem Helm schon im Griff.« Aber in der Bibel geht es bei Rettung nicht nur darum, vor der Hölle gerettet zu werden. Das ist nur der Anfang. Im Griechischen bezieht sich das Wort »Rettung« auf Bewahrung, Erfüllung, Gesundheit und Wohlstand.

In 1. Thessalonicher 5,8 sagt der Apostel Paulus: »Wir aber, die wir dem Tag angehören, wollen nüchtern sein, angetan mit dem Brustpanzer des Glaubens und der Liebe und mit dem Helm der Hoffnung auf das Heil.« Was also ist *Hoffnung*? In der Bibel ist Hoffnung ein überzeugtes oder zuversichtliches Erwarten von Gutem. Heutzutage gebrauchen wir das Wort Hoffnung zu unbedacht. Die Leute verwenden das Wort andauernd, wenn sie sagen: »Ich hoffe wirklich, dass mir nicht gekündigt wird« oder: »Ich hoffe wirklich, dass ich in meinem Test gute Noten bekomme.« Oftmals sagen wir in unseren Unterhaltungen ganz allgemein »ich hoffe nicht« oder »ich hoffe es«. Diese Art der Hoffnung bedeutet, dass du dir einer Sache überhaupt nicht sicher bist. Die biblische Bedeutung von Hoffnung ist jedoch ein überzeugtes oder zuversichtliches Erwarten von Gutem. Wenn Gott also sagt: »Habe Hoffnung«, will er, dass du zuversichtlich erwartest, dass gute Dinge geschehen werden.

Weißt du, was diese Woche in deinem Leben geschehen wird? Wahrscheinlich weißt du es nicht. Aber Gott möchte, dass du den Helm der Rettung aufsetzt. Das geschieht, indem du zuversichtlich erwartest, dass dir diese Woche Gutes passieren wird. Wisse in deinem Herzen und erkläre mit deinem Mund, dass es eine gute Woche werden wird, in der du Gottes Bewahrung, Erfüllung, Gesundheit und Wohlstand sehen wirst. Wenn du so denkst, setzt du damit in Wirklichkeit deinen »Helm der Hoffnung auf das Heil« auf.

Wenn die Leute mich fragen: *»Pastor Prince, wie wird diese Woche für Sie werden?«*, ist meine Antwort: »Also, sie wird großartig sein!« Bin ich ein Prophet? Nein, ich bin kein Prophet. Aber ich weiß, dass es in Jesu Namen eine großartige Woche werden wird! Woher weiß ich das? Weil Jesus nicht sagte: »Euch geschehe nach dem Willen Gottes!« Er sagte: »Euch geschehe nach eurem Glauben!« (Mt 9,29). Er sagte: »Euch geschehe nach eurer Erwartung.«

Diejenigen unter euch, die sagen: *»Pastor Prince, das wird eine miserable Woche werden, ich weiß es einfach!«*, haben Recht! Und diejenigen unter euch, die sagen: *»Es wird eine gesegnete Woche werden!«*, haben auch Recht. Jeder von euch wird die Art von Woche haben, die er erwartet. Ich sage jetzt nicht, dass man im Leben jeden Tag auf Rosen gebettet sein wird, wenn man Gutes erwartet. Ich sage dir nur, dass, selbst wenn der Sturm tobt, Jesus dir die Ruhe geben kann, die du brauchst. Er kann dir den Frieden geben, den du brauchst. Er sagte: »In der Welt habt ihr Bedrängnis; aber seid getrost, ich habe die Welt überwunden!« (Joh 16,33). Erwarte also eine gesegnete Woche!

Denke daran, biblische Hoffnung sagt nicht: »Naja, ich weiß nicht, ob ich es erhalten werde, aber ich hoffe es! Ich werde dafür die Daumen drücken!« Nein, das ist die Art von Hoffnung, wie sie die Welt hat. Biblische Hoffnung ist dies: Ein zuversichtliches Erwarten von Gutem!

Die Bibel sagt, dass du deinen Helm tragen sollst, um deinen Verstand zu schützen und deine Gedanken zu behüten. Wenn du gerade in Schwierigkeiten steckst, welcher Art auch immer, kannst du den Helm der Hoffnung auf Rettung aufsetzen. Denke daran, Rettung ist mehr, als nur vor der Hölle gerettet zu werden. Rettung schließt Heilung, Wohlstand und Wohlbefinden mit ein. Und du hast eine zuversichtliche Erwartung, dass Gutes auf dem Weg zu dir ist, dass Gott dich durch diese Bedrängnis hindurchbringen wird, die du gerade durchmachst. Sie ist zeitlich begrenzt, deshalb kannst du zuversichtlich Gutes erwarten.

Weil du in Christus bist, sieht Gott dich in der ganzen Schönheit, der ganzen Herrlichkeit, aller würdevollen Integrität und all den überragenden Qualitäten seines Sohnes.

Vielleicht argumentierst du: *»Aber Pastor Prince, ist das nicht Glaube?«* Nein, der Glaube spricht vom Jetzt. Der Glaube vertraut darauf, dass du genau jetzt in Christus die Antwort auf dein Bedürfnis hast, obwohl du sie noch nicht siehst. Hoffnung spricht von der Zukunft. Hoffnung ist eine zuversichtliche Erwartung, dass Gutes kommen wird. Deshalb bezeichnet die Bibel das herrliche Erscheinen Jesu als die »glückselige Hoffnung« (Tit 2,13). Wir haben die Gewissheit, dass das geschehen wird, aber es liegt in der Zukunft. Der Glaube hingegen bezieht sich auf jetzt und hier.

Sei dir deiner Rettung sicher

Du musst dir deiner Rettung sicher sein. Es gibt viele falsche Vorstellungen von Rettung. Ich will dir daher einige Wahrheiten über Rettung sagen. Jesus kam nicht, um schlechte Menschen gut zu machen. Jesus kam, um tote Menschen lebendig zu machen. Wir waren alle tot in unseren Sünden, aber Gott liebte uns so sehr, dass er uns nicht als die behandeln wollte, die wir einmal waren. Deshalb sandte er seinen Sohn, um am Kreuz zu sterben. Er nahm dich mit allen deinen Sünden und versetzte dich in Christus hinein. Wenn Gott dich also jetzt ansieht, sieht er dich in der ganzen Schönheit, der ganzen Herrlichkeit, aller würdevollen Integrität und all den überragenden Qualitäten unseres Herrn Jesus Christus!

In 1. Johannes 4,17 heißt es: »Gleichwie Er ist, so sind auch wir in dieser Welt.« Genau deshalb dürfen wir am Tag des Gerichts Zuversicht haben. Von jetzt an müssen wir uns selbst immer als Menschen betrachten, die in Christus sind. Wir haben ein neues Zentrum gefunden. Unser Mittelpunkt sind nicht mehr wir selbst. Wir sind nicht auf unsere eigenen Ressourcen begrenzt. Wir sind in Christus. Und in Christus haben wir eine neue Identität.

Ich möchte, dass du Folgendes verstehst: Als Jesus am Kreuz starb, starb er nicht nur für unsere Sünden, er starb als wir! Als er begraben wurde, wurde er für uns und als wir begraben. Als Gott der Vater Jesus von den Toten zur ewigen Unsterblichkeit auferweckte, wurde Jesus auch als wir auferweckt. Nicht nur für uns, sondern als wir. Das ist unsere neue Identität. Genauso wie wir einst dem alten Adam gleichgestellt wurden, so werden wir jetzt dem letzten Adam, dem zweiten Menschen, gleichgestellt.

Der Vater erhob Jesus weit über Satan, weit über alle Fürstentümer, weit über alle Kräfte, Mächte und Herrschaften, weit über jeden Namen, der in dieser und in der kommenden Welt je genannt werden wird. Er ist höher als alle anderen. Und wenn der Vater ihn zu seiner rechten Hand, dem Zentrum des ganzen Universums, setzte, wohin gehören wir dann? Nun, tatsächlich sitzen wir mit ihm zusammen! Mit ihm sind wir mit Herrlichkeit und Ehre gekrönt, hoch über Satan und jedem anderen Namen!

Aus genau diesem Grund will der Teufel nicht, dass du die Wahrheit über deine Rettung erfährst. Er will, dass du denkst, du wärst von Christus getrennt. Er will, dass du denkst, du wärst auf dich alleine gestellt. Er will, dass du Folgendes denkst: Wenn du dich gut verhältst, bist du mit Christus vereint, aber wenn du dich schlecht verhältst, bist du von ihm getrennt. Mein Freund, die Wahrheit ist, dass du für immer in Christus bist! Und dieses Wissen gibt dir die Kraft, dich gut zu verhalten.

Die frohe Botschaft ist, dass dich nichts von Christus und seiner Liebe trennen kann, wenn du einmal in ihm bist. In Römer 8,35 (NGÜ) steht: »Was kann uns da noch von Christus und seiner Liebe trennen? Not? Angst? Verfolgung? Hunger? Entbehrungen? Lebensgefahr? Das Schwert des Henkers?« Wir sind auf ewig in Christus!

Erwarte immer das Beste

Paulus sagt also: »Setzt den Helm eurer Rettung auf.« Er will, dass wir den Helm aufsetzen und tragen. Manche Leute ziehen törichterweise in den Krieg, ohne ihren Helm aufzusetzen. Sie verstehen nicht, wie wichtig er ist. Sie denken, der Helm könnte sie behindern. Als ich klein war, verstand ich nicht, warum Soldaten Helme tragen müssen. Helme schienen mir eine unnötige Last zu sein. Aber jetzt, wo ich älter bin, verstehe ich, dass ein Helm deinen Kopf schützen und dein Leben retten kann!

Und genauso wichtig ist er in der geistlichen Kampfführung. Als Irene ihre beiden Freundinnen dabei beobachtete, wie sie miteinander redeten, dachte sie, dass sie sich gegen sie verschworen hätten. Irene hatte ihren Helm nicht auf. In dem Moment, als sie ihre Freundinnen miteinander reden sah, erwartete sie das Schlimmste. Wenn sie den Helm getragen hätte, hätte sie zuversichtlich Gutes erwartet. Genau das ist es, was der Helm für uns tun soll – er soll uns in die Lage versetzen, das Beste zu erwarten, zu erwarten, dass Gutes passiert. Und das geht nur, wenn wir Zeit im Wort Gottes verbringen. Wir können nur dann eine beständige Erwartung von Gutem haben, wenn uns Gottes Wort bewusster ist als alles andere.

Erwarte Schlimmes und Schlimmes passiert.
Erwarte Gutes und Gutes passiert.

Hast du schon einmal festgestellt, dass dir Schlimmes passiert, wenn du Schlimmes erwartest? Das Gegenteil stimmt auch: Erwarte Gutes und Gutes wird passieren. Leider liegt es in der menschlichen Natur, von negativen Nachrichten angezogen zu werden. Das bedeutet, dass die Köpfe vieler Menschen unbedeckt und ungeschützt sind. Sie sind nicht vernünftig genug, ihre Helme aufzusetzen. Wenn das Telefon zu einer ungewöhnlichen Stunde klingelt und die Leute ehrlich sind, werden sie zugeben, dass ihre erste Reaktion der Gedanke ist: »Ach du meine Güte, jemand ruft mich an, weil es schlechte Nachrichten gibt!« Trägt man dagegen die ganze Zeit den Helm der Hoffnung auf Rettung und das Telefon klingelt zu einer ungewöhnlichen Zeit, dann wird man sagen: »Ich frage mich, wer zu dieser späten Stunde gute Nachrichten für mich hat!«

Manche von euch mögen anderer Meinung sein als ich und sagen: *»Pastor Prince, man weiß nie, was man erwarten soll.«* Nun, statt zu erwarten, dass dir etwas Schlimmes passiert, darfst du erwarten, dass dir Gutes widerfährt. Immerhin bist du ein Kind des lebendigen Gottes! Gott liebt dich! Es gibt mehr Engel, die für dich arbeiten, als Dämonen, die gegen dich arbeiten. Größer ist der, der in dir ist, als der, der in der Welt ist (1Joh 4,4). Du hast allen Grund zu gewinnen! Du hast allen Grund zu erwarten, dass dir Gutes widerfährt!

KAPITEL 8

DAS SCHWERT DES GEISTES

Und nehmt … das Schwert des Geistes,
welches das Wort Gottes ist.
Epheser 6,17

Gottes Wort ist schärfer als jedes zweischneidige Schwert

Das Schwert des Geistes ist das Wort Gottes. Weißt du, dass es eine der beiden Waffen in Gottes Rüstung ist, die zum Angreifen gedacht sind? (Die andere ist das Beten im Geist.) Der Gürtel hält alles zusammen. Der Brustpanzer schützt dein Herz. Die Schuhe schützen deine Füße. Der Helm schützt deinen Kopf. Der Schild schützt dein ganzes Sein. Aber das Schwert dient zum Angriff. Deshalb ist es so wichtig.

Wer beim Militär gedient hat, weiß, wie wichtig das Gewehr ist. Ich habe eine gewisse Zeit beim Militär verbracht. Eines der ersten Dinge, die sie einem beim Militär beibringen, ist, dass deine Waffe – bei mir war es das M16 – wie deine Braut ist! Wenn sie dir dein M16 geben, sagen sie: »Solange Sie beim Militär sind, ist das Ihre Braut!« Ich kann dir eins sagen, ich musste eine »Braut« noch nie so viel reinigen und ölen! Ich danke Gott, dass meine Frau Wendy nicht so viel Wartung benötigt!

Doch wenn du ein Soldat bist, der hinter feindlichen Linien festsitzt und seine Stiefel, seinen Helm und sogar seine Uniform verloren hat, aber immer noch dein M16 hast, kannst du überleben. Mit deinem M16 kannst du den Feind immer noch erschießen. Selbst wenn du kaum noch Kleider auf dem Leib hast, kannst du trotzdem noch kämpfen! Der Feind wird sterben, während er dich auslacht!

Daher ist das Schwert des Geistes unsere Angriffswaffe. Der Schreiber dieses Abschnitts über die Waffenrüstung Gottes, der Apostel Paulus, zeigt viele neuzeitliche Erkenntnisse auf. Eine davon steht in Hebräer 4,12. (Ich glaube, dass der Hebräerbrief von Paulus geschrieben wurde.) Er sagt: »Denn das Wort Gottes ist lebendig und wirksam und schärfer als jedes zweischneidige Schwert, und es dringt durch, bis es scheidet sowohl Seele als auch Geist, sowohl Mark als auch Bein, und es ist ein Richter der Gedanken und Gesinnungen des Herzens.« Christen sagen oft, dass das Wort Gottes ein zweischneidiges Schwert ist. Tatsächlich sagt die Bibel, dass es *schärfer* ist als jedes zweischneidige Schwert.

Das Wort Gottes ist präzise und äußerst kraftvoll.
Es kann den Teufel in Stücke schneiden!

Was kann ein zweischneidiges Schwert tun? Nun, es kann beidseitig schneiden, weil die Klinge zwei scharfe Seiten hat. Aber damals, zu Paulus' Zeiten, gab es im natürlichen Bereich nichts, was schärfer war als ein zweischneidiges Schwert. Heute gibt es selbstverständlich etwas, das schärfer ist als ein zweischneidiges Schwert – ein Laser. Ein Laser schneidet von jeder Seite.

Im geistlichen Bereich ist die Bibel – das Wort Gottes – schärfer als jedes zweischneidige Schwert. Die Bibel ist für die geistliche Welt das, was der Laser für die natürliche Welt ist. Sie ist ein präzises und äußerst kraftvolles Werkzeug. Das Schwert des Wortes Gottes kann den Teufel in Stücke schneiden!

Jesus gebrauchte das geschriebene Wort

Damit wir lernen, wie man diese Waffe praktisch benutzt, wollen wir uns den Meister des Schwertkampfes ansehen, Jesus. Wann gebrauchte Jesus das Schwert? Er gebrauchte es, als der Teufel ihn in der Wüste angriff. Wie gebrauchte er es? Er sagte: »Es steht geschrieben … es steht geschrieben … es steht geschrieben …« Jesus wusste, was in den Schriften gelehrt wurde. Er hatte sich die Schriftstellen eingeprägt. Und als der Teufel ihn versuchte, konnte er sagen: »Es steht geschrieben …«

Wenn das Schwert das Wort Gottes ist und Gottes Wort heute manchmal direkt durch den Heiligen Geist zu uns kommt, dann könnten wir annehmen, dass wir das Schwert gegen den Teufel gebrauchen, indem wir sagen: »Teufel, Gott hat mir heute Morgen gesagt, dass …«

Charismatiker sind dafür bekannt, dass sie sagen: »Weißt du, heute Morgen sagte Gott zu mir …«, und: »Gott hat mir gerade gesagt …« Aber Jesus redete nicht so. Als er dem Teufel in der Wüste in die Augen schaute, sagte er nicht: »Mein Vater hat mir gerade eben gesagt …« Er hatte guten Grund, dem Teufel zu erzählen, was sein Vater zu ihm gesagt hatte, gleich nachdem er im Jordan getauft worden war: »Du bist mein geliebter Sohn.« (Mt 3,17) Doch Jesus griff nicht darauf zurück. Er bezog sich nicht auf das *gesprochene* Wort Gottes, sondern auf das *geschriebene* Wort Gottes. Er sagte dreimal »Es steht geschrieben«, nicht »Es wurde gesagt«. Er sagte, was die Schrift sagte. Er zitierte direkt aus dem, was bereits in der Schrift geschrieben stand.

Wenn selbst der Sohn Gottes »Es steht geschrieben …« sagen musste, um den Teufel zu überwinden, wie viel mehr sollten du und ich aus dem geschriebenen Wort Gottes zitieren! Und wie viel mehr sollten du und ich Bibelstellen auswendig lernen, um uns für die Schlacht im geistlichen Bereich vorzubereiten!

Vielleicht fragst du immer noch: »Aber wie wenden wir die Schrift an, Pastor Prince?« Ich werde es dir zeigen, weil dies für den Gebrauch des Schwertes am wichtigsten ist. Das ist der Teil, von dem der Teufel will, dass du ihn übersiehst.

Fangen wir mit einigen Verheißungen aus Psalm 91 (NLB) an:

> *Wer unter dem Schirm des Höchsten sitzt, der bleibt unter dem Schatten des Allmächtigen. Ich sage zu dem Herrn: Meine Zuflucht und meine Burg, mein Gott, auf den ich traue! Ja, er wird dich retten vor der Schlinge des Vogelstellers und vor der verderblichen Pest; er wird dich mit seinen Fittichen decken, und unter seinen Flügeln wirst du dich bergen; seine Treue ist Schirm und Schild.*

Wie setzt du das Schwert des Wortes Gottes in deinem Leben ein? Nehmen wir einmal an, du wachst eines Morgens auf und liest die Zeitung. In der Titelgeschichte wird berichtet, dass einer von fünf Menschen bis zum Alter von 50 Jahren die XYZ-Krankheit bekommen wird. Zisch! Der Teufel hat gerade einen feurigen Pfeil auf dich abgeschossen. Man weiß nie, wann er seine Pfeile abfeuert. Vielleicht siehst du dir gerade ein Programm im Fernsehen an und der Moderator sagt: »In dieser Region wird innerhalb der nächsten fünf Jahre ein starkes Erdbeben erwartet!« Zisch! Und den nächsten feurigen Pfeil hat der Teufel auf dich abgeschossen.

Wenn das passiert, ist es an der Zeit zu verkünden: »Es steht geschrieben: ›Ja, er wird dich retten vor der Schlinge des Vogelstellers und vor der verderblichen Pest‹« (Ps 91,3). Was tust du damit? Du wehrst den Angriff des Teufels mit dem Schwert des Wortes Gottes ab! Außerdem lenkst du seine feurigen Pfeile ab und schützt dein Herz mit dem Schild des Glaubens!

Setze das Wort mit deinem Mund frei und wandle seine verborgene Kraft in effektive Kraft um.

Hier ist ein weiteres Szenario: Du bist soeben von der Beerdigung einer christlichen Freundin zurückgekehrt, die an einer Krankheit gestorben ist. Sie war in deinem Alter. Wir kennen übrigens oft nicht den ganzen Hintergrund, wie und warum Christen sterben. Es gibt zum Beispiel Christen, die heimgehen *wollen*, um beim Herrn zu sein. Wir sind für unser eigenes Leben verantwortlich. Aber eines wissen wir, nämlich dass Gott uns liebt und will, dass wir ein langes und gesundes Leben haben (Ps 91,16).

Während du also von dieser Trauerfeier nach Hause gehst, bist du ganz alleine, und genau da schießt der Teufel einen Gedanken auf dich ab: »Weißt du, sie war so eine geistliche Christin, so eine nette Christin, so eine wunderbare Christin …« Er schießt noch einen feurigen Pfeil auf dich: »Wenn ihr das passieren konnte, kann es auch dir passieren.« Jetzt schleicht sich langsam Angst ein. Was musst du tun? Du musst sagen: »Es steht geschrieben: ›Ob tausend fallen zu deiner Seite und zehntausend zu deiner Rechten, so wird es doch dich nicht treffen‹« (Ps 91,7).

Wehre den Schachzug des Teufels mit dem Schwert des Wortes Gottes ab!

Gottes Wort muss ausgesprochen werden

Mein Freund, es reicht nicht, Gottes Wort nur in deinem Herzen zu kennen. Du musst es aussprechen. Das ist der Moment, in dem verborgene Kraft zu effektiver Kraft wird! Jesus dachte in der Wüste nicht nur an die Schriftstellen oder murmelte sie in seinem Kopf. Er sprach die Schriftstellen laut aus.

Du kannst tausende Schriftstellen auswendig lernen, doch wenn du nicht lernst zu sagen: »Es steht geschrieben…«, wirst du das Wort nicht wirklich freisetzen. Solange das Wort nicht von deinem Mund freigesetzt wird, gibt es keine effektive Kraft, nur verborgene Kraft. Mit anderen Worten: Bis das Wort deinen Mund verlässt, ist es nur Kraft, die in dir schlummert. Du musst es aussprechen. Wenn du es aussprichst, ist es so, als ob Gott spricht. Gottes Wort in deinem Mund ist, als ob Gott redet.

Hier ist eine andere Situation, die dir vielleicht bekannt vorkommt: Eines Tages wachst du auf und ohne dass du weißt, warum, beginnst du über deine Eltern und Großeltern nachzudenken, die alle an einer bestimmten Krankheit gestorben sind. Irgendwie macht dir der Gedanke zu schaffen. Die Ängste sind unvernünftig, aber trotzdem quälen sie dich. Dir kommt ein Gedanke: »Du wirst an der gleichen Krankheit sterben! Du wirst jung sterben! Das ist ein Fluch, der vererbt wird!« Was sollte deine Reaktion sein? Zitiere laut Psalm 91,16: »Es steht geschrieben: ›Ich will ihn sättigen mit langem Leben und ihn schauen lassen mein Heil!‹« Sprich das Wort Gottes in deine Furcht hinein.

Ich habe herausgefunden, dass man Angst nicht wegargumentieren kann. Man kann sie nicht weganalysieren. Es gibt einige Ängste, die mir in den Sinn kommen und ich sage dann: »Joseph Prince, wie groß ist die Wahrscheinlichkeit, dass das passiert?« Aber das hilft nicht. Die Ängste sind immer noch da. Wieder sage ich: »Komm schon, Joseph Prince, das wird dir niemals passieren.« Aber die Ängste bleiben. Man kann Furcht also nicht wegargumentieren. Weil unsere Kriegsführung geistlicher Natur ist, besteht die einzige Möglichkeit, Angst zu bezwingen darin, das Wort Gottes in die Furcht hinein zu sprechen, indem man sagt: »Es steht geschrieben: ›Denn Gott hat uns nicht einen Geist der Furcht gegeben, sondern einen Geist der Kraft, der Liebe und der Besonnenheit‹« (2Tim 1,7 NLB).

Lerne diesen Vers auswendig. Das ist eine kraftvolle Schriftstelle. Es ist egal, welcher Angst du gegenüberstehst. Es könnte die Angst vor dem Älterwerden sein, Angst vor einer bestimmten Krankheit, Angst, deinen Arbeitsplatz zu verlieren, Angst zu versagen … Was auch immer deine Angst ist, gebrauche das Schwert des Wortes Gottes. Erkläre: »Es steht geschrieben: ›Denn Gott hat uns nicht einen Geist der Furcht gegeben, sondern einen Geist der Kraft, der Liebe und der Besonnenheit.‹«

Gebrauche das Schwert des Geistes gegen den Teufel und er wird jedes Mal verstehen, was Sache ist!

Wenn du Gottes Wort aussprichst, wirst du feststellen, dass es wirklich schärfer ist als jedes zweischneidige Schwert. Als Johannes im Buch der Offenbarung den Herrn sah, sagte er, dass »aus seinem Mund ein scharfes zweischneidiges Schwert« kam (Offb 1,16 NLB). Im Griechischen ist es ein »zweimündiges Schwert«. Warum? Weil das Wort Gottes zuerst Gottes Mund verlässt und dann deinen. Dann wird es zum zweischneidigen Schwert! Dann wird es kraftvoll! Wenn du sein Wort aussprichst, wenn du damit übereinstimmst, wird es zum zweischneidigen Schwert. Manchmal muss man es ein paarmal sagen. Manchmal muss man es morgens sagen, mittags und noch einmal am Abend. Wenn der Teufel Streit sucht … dann gebrauche das Schwert des Geistes gegen ihn und er wird jedes Mal verstehen, was Sache ist! Das Schwert des Geistes hat etwas an sich, das der Teufel nicht mag. Er treibt sich nicht so gern in der Nähe von Gottes Wort herum. Es erinnert ihn an jemanden – Jesus! Und Jesus erinnert ihn an seine Niederlage!

Eine Schriftstelle für jedes Bedürfnis

Es gibt für jeden Bereich, in dem wir Bedürfnisse haben, viele kraftvolle Schriftstellen. Wenn du finanzielle Probleme hast, nimm deine Bibel und dein Notizbuch und schreibe Bibelstellen über Finanzen heraus. Du wirst Verse finden wie: »Mein Gott aber wird alles, wessen ihr bedürft, erfüllen nach seinem Reichtum in Herrlichkeit in Christus Jesus« (Phil 4,19 ELB). Selbst wenn dein Arbeitgeber deine Stelle streicht, sage: »Mein Gott wird alle meine Bedürfnisse nach *seinem* Reichtum erfüllen.« Er versorgt dich nicht nach dem Reichtum deines Arbeitgebers. Dein Arbeitgeber ist nicht deine Quelle, sondern Gott ist es! Wenn dein Arbeitgeber deine Quelle ist, bist du sehr arm. Wenn Gott deine Quelle ist, bist du sehr reich! Wenn Gott deine Quelle ist, wirst du nicht länger Angst davor haben, deinen Arbeitsplatz zu verlieren. Und deine zuversichtliche Erwartung von Gutem wird so groß sein, dass du weißt: Falls du deinen Arbeitsplatz doch verlierst, sorgt Gott dafür, dass ein besserer auf dich wartet.

Kürzlich hatte ich einen schlimmen Jetlag. Das war wirklich geistliche Kampfführung, denn es war das erste Mal, dass ich einen Jetlag hatte und es war richtig übel! Wendy ging es genauso.

Wir waren beide so müde. Trotzdem konnte ich nicht schlafen. Also lernte ich Bibelstellen auswendig. Bevor ich ins Bett ging, zitierte ich Psalm 4,9: »Ich werde mich in Frieden niederlegen und schlafen; denn du allein, Herr, lässt mich sicher wohnen.« Ich zitierte auch Sprüche 3,24: »Ohne Furcht wirst du dich niederlegen, und liegst du, so wird dein Schlaf süß sein.«

Während ich mich hinlegte, sprach ich diese Verse laut aus: »Es steht geschrieben: ›Du wirst dich niederlegen und dein Schlaf wird süß sein.‹« Nach einer kleinen Weile wurde ich schläfrig und begann zu lallen: »Dein Schlaaaaaaf wird süüüüüüüß sein. Dein Schlaaaaaaf wird süüüüüüüüß sein.« Dann verwandelte es sich nur noch in: »Süüüüüüüüüüß … süüüüüüüüüüüüüß.« Weißt du, ich schlief ein, und es war ein sehr süßer Schlaf, einer der besten überhaupt!

Worte aus der Bibel haben so viel Kraft. Sie sind kraftgeladen, weil diese Worte aus derselben Quelle kommen, die den Himmel und die Erde geschaffen hat. Wenn du die Bibelstellen laut verkündest, kämpft das Wort Gottes für dich. Der Teufel kann sich nicht gegen das Wort Gottes verteidigen. Er kann sich nicht gegen das Schwert des Geistes wehren. Es trifft ihn auf jeden Fall!

In der Bibel gibt es Verheißungen für jedes Bedürfnis. Schreibe sie auf, lerne sie auswendig und verkünde sie. Wenn du magst, kannst du jedes Verszitat mit: »Es steht geschrieben …« beginnen.

Wenn dir deine Familie Kummer macht, finde Bibelstellen über das Familienleben. In Sprüche 11,21 steht zum Beispiel: »… der Same der Gerechten wird errettet.« In Psalm 128,3 steht: »Deine Frau ist wie ein fruchtbarer Weinstock im Innern deines Hauses; deine Kinder wie junge Ölbäume rings um deinen Tisch.« Wenn der Teufel zu dir sagt: »Du wirst jung sterben!«, sollte deine Antwort sein: »Es steht geschrieben: ›Ich will ihm ein langes Leben schenken und ihn meine Hilfe erfahren lassen‹« (Ps 91,16 NLB).

Wenn du Furcht erlebst – wenn du zum Beispiel Angst vor deinem Chef hast – steht in Hebräer 13,6 (NLB): »Der Herr steht zu mir, deshalb fürchte ich mich nicht. Was können mir Menschen anhaben?« Wenn du morgens aufwachst und das Gefühl hast, dass es ein schlechter Tag werden wird, erkläre: »Es steht geschrieben: ›Dies ist der Tag, den der Herr gemacht hat; wir wollen uns freuen und fröhlich sein in ihm!‹« (Ps 118,24).

Mache also deine Hausaufgaben. Die Bibel ist voll von kraftvollen Versen. Finde Verse, die zu dir sprechen und schreibe sie in ein Notizbuch oder auf Karteikarten. Lerne die Verse auswendig und sprich sie aus. Ich suche nach Versen, die zu mir sprechen und schreibe sie auf Karteikarten. Und die nehme ich überallhin mit!

KAPITEL 9

GEBET

... indem ihr zu jeder Zeit betet mit allem Gebet und Flehen im Geist.
Epheser 6,18

Bete zu jeder Zeit im Geist

Der letzte Teil der Waffenrüstung ist Gebet – »[betet] zu jeder Zeit mit allem Gebet und Flehen im Geist«. Wie auch das Schwert des Wortes Gottes, ist es eine Angriffswaffe. Doch was bedeutet Beten im Geist eigentlich? Es bedeutet, in Sprachen zu beten (1Kor 14,14). Wenn du eine schlimme Zeit durchmachst, ist dies meine Ermutigung für dich: Lerne, dauerhaft im Geist zu beten. Wenn du eine schwere Zeit durchmachst, bete im Geist, wann immer du kannst und wohin du auch gehst. Bete in Sprachen, wenn du morgens aufwachst. Bete in Sprachen, wenn du Auto fährst. Bete in Sprachen, wenn du im Zug bist, aber flüstere dabei, sonst sehen dich die Leute komisch an!

Was ist so besonders am Sprachengebet, vor allem, wenn man eine schwierige Zeit durchmacht? Nun, in Sprachen zu beten, lädt gewissermaßen deinen Akku auf. Die Bibel sagt, dass das Reden in Sprachen dir Ruhe verschafft und dich erfrischt (Jes 28,11–12). Wenn du in Sprachen betest, bleibst du auf Gottes Wellenlänge (1Kor 14,2). Das Beten in Sprachen hilft dir auch emotional (1Kor 14,4). Und dem christlichen Psychiater Dr. Carl R. Peterson zufolge bewirkt das Beten in Sprachen über einen längeren Zeitraum eine Verbesserung des Immunsystems.

Ich will dir noch etwas über das Beten im Geist zeigen. Hast du jemals für etwas gebetet und geglaubt, dass es geschehen wird, und trotzdem musstest du warten, bis die Antwort ins Sichtbare kam? Ich will dir zeigen, wie das Beten im Geist dabei helfen kann, die Manifestation dessen zu empfangen, worum du vertrauensvoll Gott bittest.

In Markus 11 sehen wir, wie Jesus einen Feigenbaum sah, der keine Früchte trug, und ihn verfluchte. Die Auswirkungen des Fluches waren allerdings nicht sofort sichtbar. Der Baum vertrocknete nicht augenblicklich. Erst am nächsten Tag, so hält die Bibel es fest, war der Feigenbaum als Folge des Fluches verdorrt. Was geschah zwischen dem Fluch und dem Verdorren? Nun, was immer auch geschah, es wird uns offenbaren, was wir in dem Zeitraum zwischen dem Beten und dem Sehen der Manifestation tun können.

Sieh dir Markus 11,12–14 (NLB) an:

> *Als sie am nächsten Morgen Betanien verließen, hatte Jesus Hunger. Von weitem bemerkte er einen Feigenbaum mit vielen Blättern. Er ging hin, um zu sehen, ob auch Feigen daran waren. Aber der Baum trug nur Blätter, denn es war nicht die Jahreszeit, in der es Feigen gab. Da sagte Jesus zu dem Baum: »Nie wieder soll jemand von deinen Früchten essen!« Und die Jünger hörten seine Worte.*

Dann, am Morgen des nächsten Tages, so erzählt es uns Vers 20, »sahen die Jünger, dass er bis zu den Wurzeln verdorrt war.« Was geschah also zwischen den Versen 14 und 20? Nun, das passierte: Nachdem Jesus den Feigenbaum verflucht hatte, ging er nach Jerusalem hinein. Dort ging er zum Tempel und begann, alle hinauszutreiben, die im Tempel kauften und verkauften. Er warf die Tische der Geldwechsler und die Bänke der Taubenverkäufer um. Er erlaubte niemandem, Waren durch den Tempel zu tragen.

In Vers 17 sagte Jesus etwas sehr Interessantes:

> *... Steht nicht geschrieben: »Mein Haus soll ein Bethaus für alle Völker genannt werden«? Ihr aber habt eine Räuberhöhle daraus gemacht!*

Gehen wir noch einmal ein paar Schritte zurück. Jesus ist unterwegs nach Jerusalem, als er am Feigenbaum vorbeikommt und ihn verflucht. Dann geht er nach Jerusalem hinein und wirft die Tische der Geldwechsler im Tempel um. Er verlässt den Tempel und übernachtet außerhalb der Stadt. Am nächsten Morgen gehen Jesus und seine Jünger wieder am Feigenbaum vorbei. Was sehen sie? Sie sehen, dass der Feigenbaum von den Wurzeln an verdorrt war.

Bleibe im Gebet, während du auf die Manifestation deines Wunders wartest.

Was tat Jesus zwischen dem Aussprechen des Fluches und dem Verdorren des Feigenbaumes? Er reinigte den Tempel und stellte ihn wieder als Haus des Gebets her. Mein Freund, Jesus zeigt uns, dass wir, nachdem wir über eine Situation gebetet haben und während wir auf die Manifestation unseres Wunders warten, im Gebet bleiben sollten. Wenn du nicht siehst, dass etwas passiert, mache dir keine Sorgen. Bete einfach weiter im Geist. Mache deinen Leib zu einem Haus des Gebets und schlussendlich wirst du sehen, wie das ganze Problem verdorrt und stirbt!

Wenn in deinem Körper gerade eine Krankheit ist, wisse, dass deine Krankheit an ihren Wurzeln zerstört wird, sobald Gebet dargebracht wird. Es ist so, als ob du in deinem Garten Unkrautvernichtungsmittel benutzt. Das Unkrautvernichtungsmittel bewirkt nicht, dass das Unkraut sofort braun wird und stirbt. Aber in dem Moment, wo es versprüht wird, wird das Problem an der Wurzel behandelt. Auch wenn es eine Weile dauern kann, bis das Unkraut braun wird und vollständig abstirbt, setzt der Tod in Wirklichkeit in dem Moment ein, in dem das Unkrautvernichtungsmittel versprüht wird. In dem Moment, wenn wir die Krankheit oder den Tumor verfluchen, stirbt beides an den Wurzeln. Die Manifestation der vollständigen Heilung wird jedoch erst später sichtbar.

Vertreibe die Diebe aus deinem Tempel

Zwischen dem Verfluchen des Feigenbaumes und der sichtbaren Manifestation des Fluches am darauf folgenden Tag reinigte Jesus den Tempel. In Johannes 2,19 (NLB) bezeichnete Jesus seinen eigenen Körper als den Tempel, als er sagte: »Zerstört diesen Tempel, und in drei Tagen werde ich ihn wieder aufbauen.« Was oder wer ist heute der Körper Christi? Wir, die Gemeinde, sind sein Körper. Und unsere Körper sind Tempel des Heiligen Geistes. In 1. Korinther 6,19 (NLB) sagt der Apostel Paulus, dass »euer Leib ein Tempel des Heiligen Geistes in euch ist.«

Während du also im Geist betest und auf die Manifestation deines Wunders wartest, entfernt Gott die »Diebe« aus deinem Tempel. Was tun diese Diebe? Sie stehlen Gesundheit, Energie und Lebenskraft aus deinem Körper. Diese Diebe haben viele von uns bestohlen, weil viele von uns ihren Körper nicht als Tempel des Heiligen Geistes betrachten. Und wenn wir nicht in der Lage sind, das zu erkennen, sind wir auch nicht in der Lage, unseren Körper als Haus des Gebets zu bewahren. Doch wenn wir aufwachen und beginnen, unseren Körper als einen Tempel des Heiligen Geistes und als Haus des Gebets zu behandeln, kann unser Körper keine Räuberhöhle bleiben oder werden.

Bete weiter im Geist – dann werden Stärke, Gesundheit, Vitalität und Lebenskraft umso reichlicher in dir vorhanden sein.

Mein Freund, wenn du dem Teufel erlaubst, sein Lager um deinen Körper herum aufzuschlagen, wird er dir Gesundheit und Stärke stehlen. In Johannes 10,10 (NLB) sagt Jesus: »Ein Dieb will rauben, morden und zerstören …« Er wird deine Organe oder Gliedmaßen mit einer Krankheit zerstören und so deine Gesundheit rauben. Du hast die Wahl. Entweder ist dein Körper ein Haus des Gebets oder er wird zu einer Räuberhöhle. Entscheide dich dafür, ihn zu einem Haus des Gebets zu machen, indem du zu jeder Zeit im Geist betest!

Im Geist zu beten ist so, als ob man seinen Körper ausräuchert. Es vertreibt die ganzen Diebe aus deinem Körper. Im Alten Testament wurde Weihrauch im Tempel Gottes verwendet. Vermutlich vertrieb der Weihrauch Schlangen, Skorpione und andere Kriechtiere. Erlaube in gleicher Weise dem Weihrauch des Heiligen Geistes, die Diebe aus deinem Körper auszutreiben, während du in Sprachen betest. Auf diese Weise wird deine Heilung sichtbar.

Je weniger du in Sprachen betest, umso mehr wird dein Körper zu einer Räuberhöhle. Zuerst mögen nur wenige Räuber kommen, einige hier, einige dort, doch bald könnten sie überall sein und dann steckst du in Schwierigkeiten. Andere Christen können dir zwar im Glauben die Hände auflegen, um die Diebe zu vertreiben, aber Vorbeugung ist die bessere Vorgehensweise. Bete einfach weiter im Geist, um deinen Körper frei von Dieben zu halten – umso reichlicher werden dann Stärke, Gesundheit, Vitalität und Lebenskraft in dir vorhanden sein.

Paulus erinnert uns in 1. Korinther 6,18–20 (NLB) daran, dass unsere Körper Tempel des Heiligen Geistes sind:

> *Deshalb haltet euch fern von aller Unzucht! Keine andere Sünde hat so große Auswirkungen auf den Körper wie diese, denn Unzucht ist eine Sünde gegen den eigenen Körper. Oder wisst ihr nicht, dass euer Leib ein Tempel des Heiligen Geistes in euch ist, der in euch lebt und euch von Gott geschenkt wurde? Ihr gehört nicht euch selbst, denn Gott hat einen hohen Preis für euch bezahlt. Deshalb ehrt Gott mit eurem Leib!*

Wenn du wirklich glaubst, dass dein Körper der Tempel des Heiligen Geistes ist, würdest du dann Ehebruch begehen wollen? Würdest du es Dieben erlauben, dort ihr Lager aufzuschlagen? Glaube der Aussage von 1. Korinther 6,18–20 und erkenne, dass dein Körper wirklich der Tempel des Heiligen Geistes *ist.* Dann wirst du deinen Körper so behandeln, wie es richtig ist. Dein Körper gehört nicht dir, er gehört dem Heiligen Geist.

Während du darauf wartest, dass deine Heilung sichtbar wird, während du Gott beständig vertraust, dass dein Wunder sichtbar wird, kannst du es dir nicht leisten, nicht im Geist zu beten. Vielleicht fragen manche von euch immer noch: »Was hat das mit dem Beten im Geist zu tun, Pastor Prince?« Dein Körper ist der Tempel des Heiligen Geistes. Seine Gebetssprache ist eine geistliche Sprache. In Römer 8,26 (NLB) sehen wir, dass der Heilige Geist uns beim Beten hilft:

> *Der Heilige Geist hilft uns in unserer Schwäche. Denn wir wissen ja nicht einmal, worum oder wie wir beten sollen. Doch der Heilige Geist betet für uns mit einem Seufzen, das sich nicht in Worte fassen lässt.*

Worin besteht unsere Schwäche? Darin, dass »wir ja nicht einmal wissen, worum oder wie wir beten sollen.« Beispielsweise gehst du gerade durch eine Zeit der Widrigkeiten und weißt nicht, wie oder worum du beten sollst. Aber der Heilige Geist hilft dir, indem er durch dich betet. Er betet durch dich mit einem Seufzen, mit Sprachen – das ist seine Sprache, und seine Gebete sind vollkommene Gebete. Preise Gott dafür, dass der Heilige Geist gekommen ist, um uns mit dieser Schwäche zu helfen! Im Geist zu beten ist seine Weise, uns dabei zu helfen, diese Schwäche zu überwinden und das sichtbar zu machen, wofür gebetet wurde.

Manche von euch sind bestohlen worden. Du hattest diese Offenbarung schon gehabt, aber an irgendeinem Punkt des Weges hat der Teufel den Fluss deines Betens im Geist aufgehalten und das Leben hat aufgehört zu fließen. An diesem Punkt fragst du vielleicht: *»Pastor Prince, was ist die beste Möglichkeit, wieder im Leben und im Frieden zu fließen?«* Die beste Möglichkeit, die Ströme des Lebens oder lebendigen Wassers wieder fließen zu lassen, besteht darin, im Geist zu beten. In Johannes 7,38–39 verknüpft Jesus die Ströme lebendigen Wassers, die aus unserem Innersten fließen, mit dem Heiligen Geist. Folglich setzt das Beten im Geist diesen Fluss des lebendigen Wassers in deinem Leben in Gang.

Wenn du an einen Punkt kommst, wo du Gott nicht mehr spüren kannst, obwohl er immer noch da ist, ist das Beten im Geist eines der besten Dinge, die du tun kannst. Wenn du anfängst, im Geist zu beten, kann es sich anfühlen, als ob in dir nur ein kleiner Bach ist, doch wenn du nicht nachlässt, wird dieser Wasserlauf zu mächtigen, tosenden, Leben schaffenden Strömen anwachsen, die nicht nur dich, sondern auch andere segnen werden!

König Hiskia reinigte den Tempel

Im Alten Testament sehen wir ein weiteres Beispiel einer Person, die den Tempel reinigte. 2. Chronik 29 erzählt uns, dass König Hiskia den Tempel reinigte. König Hiskia war übrigens ein guter, gerechter und gottesfürchtiger König. In Vers 3 (NLB) heißt es: »Gleich im ersten Monat seines ersten Amtsjahres ließ Hiskia die Türen vom Haus des Herrn wieder aufschließen und setzte sie in Stand.« Warum tat er das? Nun, in 2. Chronik 28,22–24 (NLB) sehen wir, dass der vorherige König, Ahas, die Türen des Tempels verschlossen hatte:

> *In seiner Bedrängnis verhielt sich König Ahas sogar noch treuloser gegenüber dem Herrn. Er opferte den Göttern von Damaskus, die ihn besiegt hatten, denn er sagte sich: »Diese Götter haben den Herrschern von Aram geholfen, also werden sie auch mir helfen, wenn ich ihnen opfere.« Doch er beschwor nur seinen eigenen Untergang und den Niedergang ganz Israels herauf. Ahas nahm die Geräte aus dem Haus Gottes und*

zerschlug sie. Er schloss die Tore vom Haus des Herrn und stellte an allen Ecken Jerusalems eigene Altäre auf.

Gehen wir wieder zurück zu Kapitel 29, wo wir sehen, dass König Hiskias erste Tat darin bestand, die Türen des Tempels zu öffnen. Ich möchte dir hier veranschaulichen, wie Gebet deinen Körper wiederherstellen kann. In 2. Chronik 29,16 (NLB) steht:

Die Priester gingen ins Heiligtum vom Haus des Herrn, um es zu reinigen, und schafften alles Unreine, das sie vorfanden, hinaus in den Vorhof vom Haus des Herrn …

In Vers 17 geht es weiter:

Am ersten Tag des ersten Monats begannen sie und nach acht Tagen waren sie bis in die Vorhalle vorgedrungen. Dann heiligten sie das Haus des Herrn selbst weitere acht Tage lang, und am 16. Tag des ersten Monats war das Werk beendet.

In gleicher Weise beginnt die Wiederherstellung deines Körpers (der heute das Haus des Herrn ist) damit, dass die »Tür« geöffnet wird. Was ist die »Tür« deines Körpers? Sie ist dein Mund. David sagte in Psalm 141,3: »Herr, stelle eine Wache an meinen Mund, bewahre die Tür meiner Lippen!«

Wenn du also deinen Mund öffnest und im Geist betest, wird dein Körper von innen heraus wiederhergestellt. Im Innern des »Hauses« werden die Lampen angezündet werden. Innerhalb von ein paar Tagen wird im ganzen Haus Leben sein. Und es wird den Vorhof des Hauses erreichen, also die Veranda, die für den äußeren Teil deines Körpers steht. Wenn das passiert, wirst du sichtbare Zeichen der Wiederherstellung deines Körpers, die Manifestation deiner Heilung sehen!

Die Männer, die unter der Leitung des Königs Hiskia standen, begannen damit, den Tempel von innen nach außen zu reparieren und zu reinigen. Wie reinigt man etwas? Man verwendet Wasser. Wasser ist ein wunderbares Reinigungsmittel. Wie reinigt man den Tempel des Heiligen Geistes oder das Haus des Herrn, das dein Leib ist? Man verwendet die Ströme lebendigen Wassers. Je mehr du in Sprachen betest, umso mehr verschaffst du den Strömen lebendigen Wassers in dir Raum. Je mehr du im Geist betest, umso mehr werden die lebendigen Wasser allen Schmutz hinausspülen und dein ganzes Haus reinwaschen.

Es ist gut möglich, dass die Reinigung nicht über Nacht zu bewerkstelligen ist, aber sie wird zu Ende gebracht werden, wenn du beharrlich bleibst. Sie beginnt in deinem Inneren und dehnt sich nach außen aus, bis du die sichtbaren Zeichen deines Wunders siehst. Weißt du, als sie mit der Reinigung des Tempels von innen nach außen begannen, konnte von draußen niemand sehen, was im Inneren geschah. Es dauerte eine Weile, bis man die Reinigung auch außen sehen konnte. Es verging eine gewisse Zeit, bis der Tempel sowohl von innen als auch von außen gereinigt war.

Lass dich nicht vom Teufel mundtot machen

Was lehrt uns das für unser eigenes Leben? Es zeigt uns, dass wir zuallererst die Türen unseres Tempels öffnen sollen. Wir haben gelernt, dass unsere Lippen oder unser Mund die Tür sind. In Psalm 141,3 steht: »Bewahre die Tür meiner Lippen.« Hat der Teufel es durch alle seine Angriffe auf dich geschafft, deine Tür zu verschließen? Ist die Tür deines Tempels verschlossen?

Vielleicht bist du in einer Situation, in der die Ströme in deinem Leben nicht länger fließen. Das könnte die Diebe hereingelassen haben, die dich nun bestehlen. Vielleicht fühlst du dich so, als hättest du nicht die Kraft, ihnen zu widerstehen. Wenn du zurückblickst, erinnerst du dich vielleicht, dass es eine Zeit gab, in der du die Ströme in dir freigesetzt hast. Du lebtest in Kraft. Wenn du krank warst, wusstest du, dass du gesund werden würdest. Aber an irgendeinem Punkt des Weges hat der Teufel es geschafft, deinen Mund zu verschließen. Er hat es geschafft, dich mundtot zu machen.

Es ist mir nicht wichtig, was die Gründe dafür waren; aber dein Mund wurde blockiert. Ein geistlicher Dämon namens »Ahas« verschloss die Tür. Doch wie König Hiskia sollst du die Tür wieder öffnen! Du sollst den ganzen Schmutz und die Diebe mit den Strömen des lebendigen Wassers hinausspülen, indem du beständig im Geist betest!

Kein Wunder, dass Gott an Pfingsten zuallererst die Türen öffnete. Apostelgeschichte 2,4 erklärt: »Und sie wurden alle vom Heiligen Geist erfüllt und fingen an, in anderen Sprachen zu reden, wie der Geist es ihnen auszusprechen gab.« Als der Heilige Geist sie zu lebendigen Tempeln machte, machte Gott aus ihnen Häuser des Gebets und der Kraft. Petrus hielt eine vollmächtige Predigt, und 3000 Menschen wurden errettet.

In 1. Korinther 14,2 sehen wir auch, dass jemand, der »in Sprachen redet, … nicht für Menschen [redet], sondern für Gott; denn niemand versteht es, sondern er redet Geheimnisse im Geist.« Es ist nicht verwunderlich, dass der Teufel dich davon abhalten will, deine Tür zu öffnen. Kein Wunder, dass er dich davon abhalten will, in Sprachen zu reden. Denn du sprichst nicht zu Menschen, sondern zu Gott! Ein Mensch versteht nicht, was du sagst. Du selbst, ein Mensch, verstehst es auch nicht. In Sprachen zu beten dient nicht dazu, deinen Intellekt anzuregen. Es ist für Gott.

Nun, einige von euch, die sich gerne auf ihren Verstand verlassen, wenn sie Entscheidungen treffen, und Dinge gerne analysieren, können den Wert des Sprachengebets vielleicht nicht sehen, weil die Sprache für euch keinen Sinn ergibt. Dein größtes Problem ist dein Verstand – bevor du etwas annimmst, musst du es mit deinem Verstand verstehen. Aber in 1. Korinther 14,14 steht: »Denn wenn ich in einer Sprache bete, so betet zwar mein Geist, aber mein Verstand ist ohne Frucht.« Deshalb musst du erkennen, dass dein Verstand oder dein Denken dir nicht helfen können, wenn es um die Kommunikation mit Gott im Geist geht. Dein Verstand wird ohne Frucht sein. Das ist Gottes Art, und wir müssen es auf seine Art machen.

Rede in Sprachen und setze dabei deinen Körper instand

1. Korinther 14,4 erklärt: »Wer in einer Sprache redet, erbaut sich selbst; wer aber weissagt, erbaut die Gemeinde.« Es ist unmöglich, die Gemeinde zu erbauen, ohne dich davor selbst zu erbauen. Das Wort »erbauen« ist im Griechischen *oikodomeo* und bedeutet »ein Haus bauen«. Also baut jemand, der in einer Sprache redet, ein Haus. Sowohl *Thayer's Lexicon* als auch *Smith's Bible Dictionary* bezeichnen das Wort »erbauen« auch als »instand setzen«. Das heißt, dass du jedes Mal, wenn du in Sprachen redest, das Haus baust und instand setzt. Anders ausgedrückt baust du dich selbst auf und setzt dich selbst instand, wenn du im Geist betest!

Vielleicht sagst du: *»Aber, Pastor Prince, ich dachte, wenn ein Christ in Sprachen redet, erbaut er seinen* ***Geist****?«* Nun, die Bibel sagt nicht, dass der Sprecher seinen Geist erbaut. Sie sagt, der Sprecher erbaut »*sich selbst*«. Das bezieht sich auf sein ganzes »Selbst« – Geist, Seele und Körper! Wer also in Sprachen redet, erbaut auch seinen Körper und setzt ihn instand. Wie sieht es mit dem Verstand aus? Dein Verstand ist Teil deiner Seele. Dein »Selbst« schließt auch deinen Verstand mit ein. Also kannst du auch deinen Verstand instand setzen und erbauen, indem du in Sprachen redest. Und egal welcher Teil von dir dabei instand gesetzt wird, der Heilige Geist wird das besser tun als die besten Ärzte der Welt!

Wer in Sprachen redet, setzt sich selbst instand.

Je mehr du in Sprachen betest, umso mehr bist du dir bewusst, dass der Heilige Geist in dir wohnt. Bete, wann immer du kannst und so oft wie möglich in Sprachen. Tue es unter der Dusche, während du zur Arbeit fährst oder wenn du joggen gehst. Denke daran, dass du flüsternd in Sprachen beten kannst, wenn du unter vielen Menschen bist. Du musst nicht laut beten und damit die Leute erschrecken!

Gott will, dass du deine Tür öffnest. Er sagt: »Mache dich bereit für die Manifestation.« Das wird alle Diebe hinausspülen, die dir deine Vitalität und deine Kraft gestohlen haben. Jesus sagte in Johannes 10,10 (NLB): »Ein Dieb will rauben, morden und zerstören …« Dulde die Diebe nicht, denn Jesus hat das auch nicht getan!

Stehe fest in Jesu Rüstung

Ja, es stimmt, dass der Teufel versucht, uns die Segnungen Gottes zu stehlen, doch Jesus hat uns seine Rüstung gegeben. Paulus entdeckte die Waffenrüstung Gottes sogar in Jesaja 59,14–18 (NLB):

> *Deshalb wird das Recht verdrängt, Gerechtigkeit ist weit entfernt. Die Wahrheit strauchelt auf dem Markt und Ehrlichkeit findet keinen Raum. Ja, die Wahrheit hat uns verlassen. Wer das Böse unterlässt, wird ausgeplündert. Als der Herr sah, dass es kein Recht gab, missfiel ihm dies sehr. Er sah, dass niemand da war und war erstaunt, dass keiner im Gebet vor Gott einschritt. Deshalb half ihm sein Arm und seine Gerechtigkeit stützte ihn.*
>
> *Er zog die Gerechtigkeit als Panzer an und setzte den Helm des Heils auf. Er hüllte sich in das Kleid der Rache und bedeckte sich mit dem Mantel seines Eifers. Er wird den Taten entsprechend vergelten. Sein Zorn wird die Widersacher treffen. Er wird seinen Feinden vergelten. Bis zu den entferntesten Ländern wird er Vergeltung üben.*

Paulus ermutigt uns dazu, genau jene Teile der Waffenrüstung anzuziehen, die der Herr selbst anzog, um an seinen Widersachern Vergeltung zu üben. Anders ausgedrückt heißt das, wenn du die Waffenrüstung Gottes anziehst, wird der Herr dem Teufel das zurückzahlen, was er dir angetan hat. Das nächste Mal wird er es sich zweimal überlegen, bevor er sich mit dir anlegt!

Mein Freund, erlaube es der Wahrheit Gottes, in jeden Bereich deines Lebens zu scheinen. Das wird die Dunkelheit vertreiben.

Führe dein Leben in dem Bewusstsein, dass dir Gerechtigkeit geschenkt wurde, dann wirst du im Leben herrschen, so wie Paulus es in Römer 5,17 beschreibt. Ruhe sicher in der vollen Gewissheit seiner Rettung, indem du zuversichtlich und ausschließlich gute künftige Dinge erwartest. Schütze dich selbst mit dem Schild, welcher der Glaube an Gottes Glauben ist, der niemals aufhört. Stimme Gottes Wort zu, indem du es laut aussprichst. Und bete zu jeder Zeit mit aller Beharrlichkeit in Sprachen.

Es wird Zeiten geben, in denen du die Kraft Gottes spüren wirst, wenn du in Sprachen betest! Aber es wird auch Zeiten geben, in denen du nichts fühlst. Es wird Zeiten geben, in denen du nicht spürst, dass etwas fließt. Genau dann sollst du beharrlich sein. Der Teufel wird dir sagen: »Es passiert nichts. Du bildest dir das nur ein. Das ist alles nur Geschwätz.« Doch halte durch, dann werden deine Sprachen einen Kraftfluss hervorbringen!

Gott hat uns seine Waffenrüstung gegeben, damit wir in Gott und in der Macht seiner Stärke stark gemacht werden – also ziehe sie heute an!

BIBELSTELLEN

GEBET FÜR DEINE ERRETTUNG

Wenn du alles empfangen willst, was Jesus für dich getan hat, und ihn zu deinem Herrn und Retter machen möchtest, sprich bitte folgendes Gebet:

> *Herr Jesus, danke, dass du mich liebst und am Kreuz für mich gestorben bist. Dein kostbares Blut wäscht mich von jeder Sünde rein. Du bist jetzt und für immer mein Herr und mein Retter. Ich glaube, dass du von den Toten auferstanden bist und heute lebst. Durch dein vollbrachtes Werk bin ich nun ein geliebtes Kind Gottes und mein Zuhause ist der Himmel. Danke, dass du mir das ewige Leben schenkst und mein Herz mit deinem Frieden und deiner Freude erfüllst. Amen.*

WIR WÜRDEN UNS FREUEN, VON DIR ZU HÖREN

Wenn du das Gebet für deine Errettung gebetet hast oder uns nach dem Lesen dieses Buches gern dein Zeugnis erzählen möchtest, schreib uns: **www.JosephPrince.de/Zeugnis**

BLEIBE MIT JOSEPH IN KONTAKT

Über die folgenden Social-Media-Kanäle kannst du mit Joseph in Kontakt bleiben und täglich inspirierende Impulse (in englischer Sprache) erhalten:

Facebook.com/JosephPrince
Twitter.com/JosephPrince
Youtube.com/@JosephPrince
Instagram: @JosephPrince

KOSTENLOSE TÄGLICHE E-MAIL-ANDACHTEN

Trage dich unter **JosephPrince.de/Andachten** in den Verteiler für Josephs kostenlose E-Mail-Andachten ein und erhalte jeden Tag kurze Botschaften, die dir helfen, in der Gnade zu wachsen.

ZUR HERRSCHAFT BESTIMMT

Menschen sind zu einem erfüllten und siegreichen Leben berufen. Durch Jesus hat Gott alles dafür vollbracht. Joseph Prince zeigt, wie wir Krankheiten, finanziellen Notlagen, zerbrochenen Beziehungen und zerstörerischen Gewohnheiten mit Zuversicht und Autorität entgegentreten können.

348 Seiten, Paperback, ISBN 978-3-95933-279-8
Auch als E-Book und Hörbuch erhältlich.

UNVERDIENTE GUNST

Gott will, dass du in jedem Bereich deines Lebens erfolgreich bist. Seine Gnade bzw. unverdiente Gunst öffnet dir Türen und bringt dich voran. Dieses Buch zeigt dir, wie alle deine Begegnungen und Vorhaben gesegnet und ein voller Erfolg sein können. Es erklärt, wie du durch Gottes Liebe ein Überwinderleben führen kannst.

395 Seiten, gebunden, ISBN 978-3-943597-75-2
Auch als E-Book und Hörbuch erhältlich.

DIE KRAFT DES RICHTIGEN GLAUBENS

Was du glaubst, hat Macht! Wenn du ändern kannst, was du glaubst, kannst du dein Leben verändern und frei werden von Ängsten, Schuldgefühlen und Abhängigkeiten. Darum ist es so wichtig, das Richtige zu glauben. Pastor und Bestsellerautor Joseph Prince stellt sieben täglich anwendbare biblische Prinzipien vor, die dir zum Sieg verhelfen.

400 Seiten, Paperback, ISBN 978-3-95933-278-1
Auch als E-Book und Hörbuch erhältlich.

DIE REVOLUTION DER GNADE

Eine Revolution fegt über die Erde: die Revolution der Gnade. Wer das wahre Evangelium von Jesus Christus hört und glaubt, dessen Leben wird tiefgreifend verändert. Kranke werden heil, Sünder werden frei, Menschen führen ein Leben im Sieg. Pastor Joseph Prince erläutert, wie man diese Revolution erfahren kann – auch anhand bewegender Beispiele.

423 Seiten, gebunden, ISBN 978-3-95933-000-8
Auch als E-Book und Hörbuch erhältlich.

DAS GEBET DES SCHUTZES

Wir leben in Zeiten, in denen wir täglich Opfer eines Bombenanschlags werden könnten. Entdecke darum *Psalm 91* als kraftvolles Gebet für göttlichen Schutz. In diesem Buch wird uns der Psalm erläutert und wir lesen davon, wie andere Christen diesen Schutz erlebt haben.

246 Seiten, Paperback, ISBN 978-3-95933-222-4
Auch als E-Book und Hörbuch erhältlich.

LASS LOS UND LEBE

Finde heraus, dass du nicht dazu geschaffen bist, besorgt und gestresst zu leben. Vielmehr beruft dich Gott dazu, ein Leben der Ruhe zu führen. Erfahre, wie du von Stress frei wirst und Gottes Gnade in den sorgenfreien Bereichen deines Lebens unvermindert fließen sehen kannst.

347 Seiten, gebunden, ISBN 978-3-95933-070-1
Auch als E-Book und Hörbuch erhältlich.

ISS DICH ZU LEBEN UND GESUNDHEIT

Durch biblisch fundierte Lehre entfaltet Joseph Prince eine Offenbarung über das Abendmahl, die noch nie relevanter war als heute. Er erläutert, warum das Abendmahl Gottes vorgegebener Weg ist, durch den er uns Leben, Gesundheit und Heilung zufließen lässt, und beantwortet viele Fragen.

282 Seiten, Paperback, ISBN 978-3-95933-223-1
Auch als E-Book und Hörbuch erhältlich.

ZUR HERRSCHAFT BESTIMMT 365 ANDACHTEN

Diese 365 kraftvollen Andachten werden den Leser erkennen lassen, dass er über jede Widrigkeit, jeden Mangel und jede zerstörerische Gewohnheit herrschen kann. Über alles, was ihn daran hindert, das erfolgreiche, erfüllte und siegreiche Leben zu genießen, für das er bestimmt ist.

384 Seiten, gebunden, ISBN: 978-3-943597-95-0
Auch als E-Book erhältlich.

GESUND UND HEIL DURCH DAS ABENDMAHL

Falsche Vorstellungen über das Abendmahl haben viele Christen eines von Gott festgelegten Kanals der Heilung und Gesundheit beraubt. Dieses Buch erklärt, welche Bedeutung die Elemente des Abendmahls wirklich haben: das Blut Jesu zur Vergebung der Sünden und sein Leib für unsere Heilung.

86 Seiten, Taschenbuch, ISBN 978-3-943597-85-1
Auch als E-Book und Hörbuch erhältlich.

SCHLUSS MIT NEGATIVEN GEDANKEN

Finde Hoffnung und Kraft und brich aus lähmenden Depressionen, Selbstmordgedanken und Mutlosigkeit aus. Du bist nicht allein und hilflos. Du hast einen Retter, der in deiner Not zu dir kommt. Gott liebt dich und kümmert sich um dich. Gib nicht auf. Erlebe, wie er für dich kämpft und siegt!

126 Seiten, Taschenbuch, ISBN 978-3-95933-105-0
Auch als E-Book und Hörbuch erhältlich.

WEITERE BÜCHER VON JOSEPH PRINCE

Keine Angst mehr
Hoffnung, die nie enttäuscht
Jesus, mein bester Freund
Expedition Verheißenes Land
Das Eine, das zählt
Gedanken für ein Leben des Loslassens
Gnadenzusagen für Mütter
Gnadenzusagen für Väter
Die Heilkraft des Abendmahls
Heilungszusagen
Versorgungszusagen
Unaufhaltsamer Glaube
Gib mir diesen Berg
Verankert
Herrliche Gnade
Das Gebet des Schutzes – Andachten
100 Tage in der Kraft des richtigen Glaubens
Herrsche im Leben
100 Tage der Gunst
Iss sich gesund
Setze Gottes Kraft frei
Von der Gebundenheit zum Durchbruch
Zur richtigen Zeit am richtigen Ort
Dein Wunder liegt in deinem Mund

Mehr Informationen zu seinen Büchern und anderem inspirierenden Material findest du auf: ***www.josephprince.de*** *und* ***www.gracetoday.de***